FALTPLAN

»Schreiben Sie uns!

Wir hoffen, dass Ihnen dieser Reiseführer gefällt und er Ihnen ein guter Begleiter auf einer außergewöhnlichen und spannenden Reise ist.

Weil ein Reiseführer von Erfahrungen lebt, sind wir an Ihren Erlebnissen interessiert: Haben Sie im Buch ein Restaurant entdeckt, das es nicht mehr gibt, eine Sehenswürdigkeit, die wir noch nicht aufgeführt haben, oder eine falsche Adresse? Dann schreiben Sie uns!

Wir nehmen jeden Hinweis und jede Kritik ernst und arbeiten kontinuierlich daran, die Bücher aktuell zu halten und immer weiter zu verbessern. Auch wenn wir nicht jeden Wunsch erfüllen können, machen wir uns immer Gedanken über Ihre Anmerkungen.

Schreiben Sie an: info@reise-know-how.de oder Reise Know-How Verlag Peter Rump GmbH, Postfach 140666, 33626 Bielefeld

Wenn sich Ihre Infos direkt auf das Buch beziehen, bitten wir um die Angabe der Seitenzahl und der Auflagennummer bzw. des Erscheinungsjahres. Besonders hilfreiche Beiträge belohnen wir mit einem Sprachführer Ihrer Wahl aus unserer „Kauderwelsch"-Reihe.

Herzlichen Dank und gute Reisen
Ihr Reise Know-How Verlag

Diesem Buch wurde hier ein herausnehmbare
Sollte er beim Erwerb des Buches nicht mehr vorha
hhändler nach.

AF648363

Liebe Leserin, lieber Leser,

ein unabhängiger Verlag für unabhängig Reisende – das sind wir, der Reise Know-How Verlag aus Bielefeld, eines der letzten Familienunternehmen in der Branche. Obwohl wir zu den größten Reiseführerverlagen Deutschlands gehören, ist der familiäre Umgang miteinander in allen Bereichen des Verlagslebens zu spüren: In der Geschäftsführung in zweiter Generation, in einer wertschätzenden Arbeitsatmosphäre, in der Nähe zu unseren frei arbeitenden Autorinnen und Autoren, im engen Austausch mit unseren Leserinnen und Lesern – und auch in der Zusammenarbeit mit Druckereien in Deutschland, in denen wir ausschließlich und regional unsere Bücher produzieren. Die sollen schließlich erst mit Ihnen auf große Reise gehen.

Alles, was wir in unsere Bücher und Landkarten stecken, soll Ihnen eines ermöglichen: Auf Ihre ganz eigene, individuelle Weise die Welt zu entdecken. Wir wünschen Ihnen viel Freude und unvergessliche Erlebnisse mit diesem Reiseführer.

Es grüßen herzlich
Peter Rump & Wayan Rump

Märchenhaftes Naturparadies

In regelmäßigen Abständen ist es an der Zeit, Wetter wieder als mehrdimensionalen Zustand zu erleben, bestehend aus Sonne, Regen, Schnee, Graupel, Windstille, Wind und Sturm, gekrönt von malerischen Regenbögen oder dramatischen Nebelvorhängen. Natur hautnah und unverfälscht zu spüren, die Sachen zu packen und in die Märchenwelt im Nordatlantik einzutauchen. Sich aufzumachen zu den Lofoten, einer so harmonischen und imposanten Insellandschaft, dass für deren Betrachtung aus dem Flugzeug selbst Einheimische staunend innehalten und Erinnerungsfotos schießen.

Auch nach der Ankunft, mit festem Boden unter den Füßen, lassen die Wunder nicht nach. Mit dem Auto geht es über den sturmgepeitschten Raftsund nach Vestvågøya. Kühn schlängelt sich die Straße um die Berghänge, führt an malerischen Buchten vorbei ans Meer, nach Henningsvær. Kleine Boote dümpeln im Hafen und die Bedeutung des Fischs, des „Goldes der Lofoten", spürt man auf Schritt und Tritt.

Kann es eigentlich noch schöner werden? Ja, kann es, denn diese Inselwelt ist immer für eine Steigerung gut. Das merkt man spätestens am Strand von Ramberg, wo azurblaues Wasser an einen schneeweißen Sandstrand schwappt, vor der Kulisse mächtiger Bergriesen. Und wer bis zum Ende der Straße im kleinen Örtchen Å durchhält, ist wahrhaft eingetaucht in die magische Inselwelt der Lofoten. Ideale Ruhepunkte für die Nacht sind die zahllosen charmanten Rorbuer, die auf filigranen Stelzen am Wasser Wacht halten.

Der Autor

Der gebürtige Erfurter **Martin Schmidt** wohnt seit 1993 in Halle (Saale), wo er Geografie studierte. Seit der Wendezeit interessiert er sich für Norwegen und bereist das Land mehrmals im Jahr. 2004 machte sich Martin Schmidt mit dem „Norwegen-Service" (www.norwegenservice.net) selbstständig. Er gibt u. a. Norwegischkurse und verfasst Sprachlehrbücher sowie Reiseführer. Bei Reise Know-How sind von ihm die Reiseführer „Norwegen" und „Südnorwegen" sowie die CityTrips „Oslo" und „Bergen" erschienen.

Die Lofoten lernte der Autor während zahlreicher Aufenthalte kennen und lieben. Besonders beeindrucken ihn immer wieder die facettenreiche Landschaft und die ständigen Wetterwechsel, die auf den Inseln am Rande des Atlantiks für Abwechslung und ein naturnahes Erleben sorgen.

080lo-ms

Meine

004lo-ms

68 Reine [C9]

Kaum ein zweiter Küstenort der Welt dürfte ein so sagenhaftes Bergpanorama aufweisen wie diese malerische Fischersiedlung auf der Insel Moskenesøya. Die unterschiedlichen Lichtstimmungen verleihen den Felsgiganten, den roten Holzhäusern und dem Reinefjord immer wieder einen neuen Charakter (s. S. 77).

002lo ©nordmann, stock.adobe.com

44 Der Strand von Haukland [F5]]

Wüsste man es nicht besser, könnte man sich an sonnigen Tagen am Strand von Haukland glatt an der Adria wähnen. Staunend schweift der Blick über den feinkörnigen Sand zum tiefen Blau des Wassers und zum Braun und Grün der Berghänge (s. S. 54).

007lo-ms

Im Rorbu

Rot getüncht und auf filigranen Stelzen stehend, scheinen sie geradezu über dem Wasser zu schweben. Einfach herrlich und kurios zugleich ist es, hier zu übernachten und unter dem Bett das Meer rauschen zu hören. Die einstigen Fischerhütten können an vielen Orten des Archipels angemietet werden (s. S. 129).

083lo © Lana Kray, stock.adobe.com

Das Reich des Lichts

Die Magie des Nordens lässt sich besonders eindrucksvoll am wunderschönen Strand von Ramberg 58 erleben – im Sommer im Schein der Mitternachtssonne und im Winter, wenn die Nordlichter am Himmel tanzen (s. S. 69).

Lieblingsorte

31 Henningsvær [J6]

Die Mischung macht's: Auf der einen Seite hat man die Weite des Meeres, auf der anderen die spitzen Zacken der Felswände. Dazwischen ruhen die Häuser des lebendigen Fischerortes Henningsvær auf unzähligen Inseln, bunten Farbtupfern gleich (s. S. 43).

001lo-ms

59 Nusfjord [E8]

Dicht drängen sich die farbenfrohen Holzhäuser zu Füßen rauer Berge um einen winzigen Naturhafen. Der Seele der Lofoten und ihrer langen Fischereitradition kommt man hier ganz nahe. Für einen fotogenen Rundumblick bieten sich die kleinen Anhöhen oberhalb des Miniaturortes an (s. S. 69).

003lo-ms

38 Winkinger-Langhaus von Borg [G4]

Rau waren die Sitten vor rund 1000 Jahren. In der erhabenen Dunkelheit des Winkinger-Langhauses lernt man jedoch schnell, dass die Nordmänner auch Sinn für Kunst, Kultur und regen, grenzüberschreitenden Handel hatten (s. S. 49).

006lo-ms

74 Å: am Ende der Welt (?) [C10]

Die Hauptstraße schlängelt sich mühsam um die Felsen der Lofoten, doch in Å ist ihr Ende erreicht. Wer von diesem idyllischen Fischerdorf mit seinen zahlreichen Holzhäusern nach Værøy oder Røst weiterreisen möchte, muss sich dem Boot anvertrauen (s. S. 82).

008lo-ms

Inhalt

Bewertung der Sehenswürdigkeiten
★★★ nicht verpassen
★★ besonders sehenswert
★ wichtig für speziell interessierte Besucher

Planquadrat im Kartenmaterial
[A1] Orte ohne diese Angabe liegen außerhalb unserer Karten. Ihre Lage kann aber wie die aller Ortsmarken mithilfe der begleitenden Web-App angezeigt werden (s. Anhang).

Updates zum Buch
www.reise-know-how.de/inseltrip/lofoten24

MEIN TIPP

Vor der Reise erledigen

Die **Fährtickets** für die Verbindungen zwischen Bodø und den Lofoten (s. S. 118) sollten aufgrund hoher Nachfrage einige Wochen im Voraus gebucht werden.

Nordlicht: winterliches Himmelsspektakel über den Lofoten (010lo ©www.kenopictures.com, stock.adobe.com)

Benutzungshinweise

Orientierungssystem

Die in den folgenden Kapiteln beschriebenen Attraktionen sind mit einer **fortlaufenden magentafarbenen Nummer** gekennzeichnet, die sich als Ortsmarke im Faltplan oder Detailplan wiederfindet. Steht die Nummer im Fließtext, verweist sie auf die Beschreibung dieser Attraktion.

Die Angabe in **eckigen Klammern** verweist auf das Planquadrat im Faltplan oder auf den Detailplan. Beispiele:

23 Trollfjord ★★★ [N3]
4 Nordlandmuseum ★★ [S. 16]

Alle weiteren Points of Interest wie Unterkünfte, Restaurants oder Cafés sind mit einer Nummer in **spitzen Klammern** versehen. Anhand dieser eindeutigen Nummer können die Orte in unserer speziell aufbereiteten Web-App unter www.reise-know-how.de/inseltrip/lofoten24 lokalisiert werden (s. S. 144). Beispiel:

› **Nyvågar Rorbuhotel** €€€€ <071>

Beginnen die Points of Interest mit einem **farbigen Quadrat**, so sind sie zusätzlich in den Detailplänen eingezeichnet:

■ **Anker Brygge** €€€ <037>

Der Schmetterling ...

... zeigt an, wo man besonders gut Natur erleben kann oder Angebote im Bereich des nachhaltigen Tourismus findet.

Kinder-Tipps

Das Symbol kennzeichnet Sehenswertes, Unterkünfte und Aktivitäten, an denen auch kleine Urlauber ihre Freude haben.

Preiskategorien

Gastronomie

Die Preise beziehen sich auf ein Hauptgericht ohne Getränke im Restaurant.

€	bis 200 nkr
€€	200–250 nkr
€€€	250–300 nkr
€€€€	über 300 nkr

Unterkunft

Die Preise gelten für eine Hütte, ein Rorbu oder ein Doppelbettzimmer ohne Frühstück.

€	bis 1500 nkr/Nacht
€€	1500–2000 nkr/Nacht
€€€	2000–2500 nkr/Nacht
€€€€	über 2500 nkr/Nacht

Vorwahl

Die Landesvorwahl von Norwegen lautet **0047**. Es gibt **keine Ortsvorwahlen**. Diese sind in den achtstelligen Nummern integriert.

Sprachliche Besonderheiten

Im **Norwegischen** wird der **bestimmte Artikel** an das Substantiv angehangen: *øy* (Insel), *øya* (die Insel). Der weibliche Artikel darf durch den männlichen ersetzt werden, weshalb *øyen* auch zulässig ist. In diesem Buch wird bei den Inselnamen in der Regel die Schreibweise mit Artikel am Ende verwendet (bis auf wenige Ausnahmen wie z. B. Værøy, wo die Schreibweise mit Artikel unüblich ist).

DIE LOFOTEN ENTDECKEN

011lo-ms

Die Lofoten im Überblick

Standhaft stellen sich die monumentalen Felsen der Lofoten seit Jahrmillionen den Fluten des Atlantiks entgegen. Von der **Lofotenwand** ist die Rede und von den **„Alpen im Nordmeer“**. Auf rund 68 Grad nördlicher Breite erstreckt sich das 1227 km² große Inselreich auf 190 Kilometern Länge nach Südwesten und bildet so einen Riegel zwischen dem Nordmeer und dem mächtigen Vestfjord.

Die **sieben Hauptinseln** sind seit rund 6000 Jahren besiedelt, wobei die Gegend vor allem zur **Wikingerzeit** (ca. 793–1066) ein Machtzentrum darstellte. Heute leben auf den windumtosten Eilanden rund 24.000 Menschen, deren Lebensgrundlage traditionell der **Fischfang** (s. S. 92) ist. Speziell im Spätwinter, wenn der **Skrei** (s. S. 113) die örtlichen Gewässer aufsucht, brummt nach wie vor die Wirtschaft. Einst übernachteten zugereiste Seeleute in Stelzenhäusern, den markanten, rot getünchten **Rorbuern** (s. S. 129). Seit Ende des 19. Jh. stehen diese auch Touristen als Unterkunft zur Verfügung. Mit der Aufnahme der Postschiffverbindung der **Hurtigruten** (s. S. 119) im Jahr 1893 begannen diese, die Inselgruppe immer zahlreicher zu besuchen, angezogen von **Mitternachtssonne und Nordlicht** (s. S. 113) sowie der einmaligen, **kontrastreichen Landschaft** mit ihren Felsgiganten, zarten Sandstränden, Buchten und Fjorden.

Vorseite: Herbstlicher Sonnenuntergang über Ramberg 58

Austvågøya

Die **östlichste** der Lofoteninseln ist zugleich die **größte.** Den **Siedlungsschwerpunkt** bildet die Südostküste mit dem trendigen und zugleich traditionell geprägten Fischerdorf **Henningsvær** 31, dem historisch bedeutsamen Ort **Kabelvåg** 26, wo die stattliche Vågan-Kirche 27, das Lofotenmuseum 28, die Galerie Espolin 30 und das Lofoten-Aquarium 29 angesiedelt sind, und der selbst ernannten **Inselhauptstadt Svolvær** 13. Obgleich Letztere nur 4700 Einwohner zählt, ist sie der größte Ort der Lofoten und weist, neben Leknes 45 auf Vestvågøya, die besten Einkaufsmöglichkeiten, das breiteste Kulturangebot und die modernsten Hotels auf. Gleichzeitig findet man hier die größte Auswahl an Restaurants und Cafés vor.

Der **Nordosten Austvågøyas**, der sich entlang des **Raftsunds** 12 erstreckt, ist nahezu unberührt. Hier sind der mit 1146 Metern höchste Berg der Inselgruppe (Higravstinden) und der **Trollfjord** 23, die Heimat der Seeadler, zu finden. Erreichbar ist der schmale Meereswasserarm mit Ausflugsbooten ab Svolvær (Anbieter: s. Infos und Reisetipps S. 32).

Dünn besiedelt ist der **Nordwesten** der Insel. Hier dominieren breite Küstenebenen mit in der Ferne steil aufragenden Gipfeln. Vereinzelt sind ausgedehnte **Sandstrände** zu finden.

Markante Bergformationen sind die Svolværgeita (s. S. 28) in Svolvær und der Vågakallen (s. S. 42) westlich von Kabelvåg. Landschaftlich besonders reizvoll ist die Route in Richtung **Vestfjord** zu dem auf Inseln gelegenen Ort Henningsvær.

012lo-ms

KURZ & KNAPP

Luchsfuß?

Der Begriff **Lofoten** (sprich: *luu-fuu-ten*) leitet sich vom **einstigen Namen der Insel Vestvågøya** ab: Lofotr. Allgemein wird das Wort mit „Luchsfuß" *(ló fótr)* übersetzt. Da die Insel jedoch nur auf **Satellitenbildern** der **Tatze des Raubtiers** ähnelt, wurde diese Herleitung inzwischen verworfen. Wahrscheinlicher ist die Bedeutung **„Ebene zu Füßen des Berges"** *(lo fot)*, was in Bezug auf die Landschaft haargenau zu Vestvågøya passt.

Übrigens: Die Endung -en gibt im Norwegischen den bestimmten männlichen Artikel wieder – „Lofoten" heißt also übersetzt **„Der Lofot"**. Im Deutschen wird jedoch die Mehrzahl verwendet: „Die Lofoten".

Austvågøya erkundet man, ebenso wie die anderen **Hauptinseln** der Lofoten (Gimsøya, Vestvågøya, Flakstadøya und Moskenesøya), am bequemsten mit dem **Auto.** Erreichbar ist Austvågøya über die **E 10**, die von Norden über den Raftsund zur Insel führt, außerdem mit der **Fähre** von Skutvik nach Svolvær und mit den Schiffen der **Hurtigruten** (Details s. An- und Rückreise auf S. 118). Von **Bodø** 1 kommende Propellermaschinen steuern den Regionalflughafen in Svolvær an, wo auch Mietwagenfirmen ihren Sitz haben. **Hauptflugplatz** ist hingegen der zweieinhalb Stunden entfernt gelegene Flughafen Harstad/Narvik bei Evenes auf den südlichen Vesterålen. Zwei- bis dreimal täglich verkehrt der **Fernbus.**

Gimsøya

Die kleine Insel mit ihren markanten Bergen und ausgedehnten Mooren sowie Wiesen ist die **große Unbekannte.** Zwischen den zwei großen Schwestern Austvågøya und Vestvågøya gelegen, wird sie nur selten länger bereist. Im Grunde zu Unrecht, denn rund um das Eiland führt eine wundervolle **Panoramastraße.** Von dieser bietet sich ein freier Blick auf die Weiten des Atlantiks und, sollte das Wetter mitspielen, auf die **Mitternachtssonne.** Kultureller Höhepunkt ist die kleine **Gimsøysand-Kirche** 36 am Ostufer, optisches Highlight sind die **kleinen Strände.** Aufgrund der geringen Besiedlung lässt sich auf

Am Strand des kleinen Eilands Gimsøya

Gimsøya im Winter bei klarem Himmel hervorragend das **Nordlicht** beobachten. Im Norden entdeckt man einen der schönsten **Golfplätze** Europas (s. S. 101).

Vestvågøya

Wer Vestvågøya lediglich auf der E 10 durchquert, wird zwar am **Wikingermuseum** 38 in Borg 37 und am Rast- und Aussichtspunkt **Torvdalshalsen** (s. S. 49) vorbeikommen, ansonsten aber die wahren Höhepunkte der Insel verpassen. Sehenswert sind der von **rauen Bergen** durchzogene, sehr dünn besiedelte Südosten und das dramatische Wechselspiel aus schroffen Felsen und karibisch anmutenden **Sandstränden** entlang der nordwestlichen Küste. Besonders empfehlenswert ist ein Abstecher nach **Haukland** 44 und **Uttakleiv. Surfer** zieht es in den kleinen Ort **Unstad** 43.

Für Einkäufe lohnt ein Stopp in der ansonsten optisch wenig attraktiven **Inselhauptstadt Leknes.** Wer sich für Boote und maritime Wirtschaft interessiert, ist in Ballstad 53 und Stamsund 48 gut aufgehoben. Besuchenswerte **Miniaturfischerorte** sind Mortsund und Ure 49 sowie Eggum 40.

Ein kleiner **Regionalflughafen** ist in Leknes zu finden. Die Orte entlang der E 10 und größere Siedlungen werden drei- bis viermal täglich von **Bussen** angesteuert.

Flakstadøya

Mit 110 km² ist Flakstadøya zwar nicht groß, bietet jedoch einige großartige lofotentypische Highlights. Das **klassische Besuchsziel** der Insel ist zweifelsfrei **Nusfjord** 59. Das winzige Fischerdorf mit seinen historischen Handelshäusern und den Übernachtungsgästen offenstehenden Rorbuern gruppiert sich malerisch um einen kleinen Naturhafen. Der Ort steht im Kontrast zum etwas spröden Charme von **Sund** 61. Die Haupt-

Blick auf die mächtigen Gipfel der Insel Vestvågøya

013lo-ms

014lo-ms

attraktion dieser Siedlung im äußersten Süden Flakstadøyas ist der **Schmied** 62. Hier sind ebenso interessante Kunstwerke zu erstehen wie in der bekannten **Glasbläserei Vikten** 55 im Norden des Eilands.

Neben der urtümlichen Berglandschaft ist der weitläufige Sandstrand in **Ramberg** 58 unbestritten ein Höhepunkt. Das kleine Ramberg ist auch die **Inselhauptstadt** von Flakstadøya – hier gibt es Cafés und einen Supermarkt. Für kulturell Interessierte lohnt ein Besuch der **Zwiebelturmkirche** 56 in **Flakstad.**

Moskenesøya

End- und zugleich Höhepunkt einer Lofotenrundfahrt ist die landschaftlich dramatische Insel Moskenesøya – hier endet nämlich die E 10. Das Eiland ist für Autofahrer **zweigeteilt.** Der **Norden** ist nur über schwungvolle Brückenkonstruktionen von Flakstadøya aus zu erreichen. Sehenswert sind hier der kleine Ort Fredvang 63 mit seinen Sandstränden und die urwüchsige Sandbucht **Kvalvika** 65, zu der ein mittelschwerer Wanderweg führt.

Höhepunkte im **Südosten** sind die überaus fotogenen Inselorte **Reine** 68, **Hamnøy und Sakrisøy** 66 sowie der Endpunkt der E 10, die historische Fischersiedlung **Å** 74. Letztere gleicht geradezu einem Freilichtmuseum und ist unbedingt einen Besuch wert. **Reine** ist der **Hauptort** der Insel, wo man neben einem Supermarkt auch Cafés und Restaurants findet.

Auf Moskenesøya stehen besonders viele **historische Rorbuer,** die man als Unterkünfte mieten kann. Auch etliche **Trockengestelle für Fisch** (s. S. 106) prägen das Ortsbild vieler Gemeinden.

Das Eiland ist mit dem **Auto,** dem **Bus** und der **Fähre** ab Bodø erreichbar.

Værøy

Südlich des Mahlstromes **Moskenesstraumen** (s. S. 87) ist die hoch aufragende Insel Værøy zu finden. Wer sie bereisen möchte, wählt am besten die **Fähre** ab Moskenes 70

Die zwiebelturmgekrönte Kirche 56 von Flakstad

(Insel Moskenesøya) oder Bodø. Bemerkenswert ist die **unberührte Berglandschaft** inmitten der Weite des Ozeans. Im Hauptort der Insel gibt es Übernachtungsmöglichkeiten und einen Supermarkt. Die Insel lässt sich wunderbar mit dem **Fahrrad** (s. S. 101) erkunden. Die Fähren nehmen auch **Autos** mit. Busverbindungen gibt es keine.

Die Felsen von Nykene ragen bei Røst aus dem Meer empor

Røst

Røst zählt ebenso **viele Inseln,** wie das Jahr Tage hat. Die **Hauptinsel Røstlandet** ist am größten und gleichzeitig am dichtesten besiedelt. Das Eiland weist kaum Erhebungen auf, dafür aber umso mehr kleine **Seen und Seevögel.** Letztere bevölkern zur Nistzeit im Frühjahr die Küstenstreifen und Moore.

Røstlandet ist mit der **Fähre** ab Moskenes oder Bodø erreichbar (Pkw-Mitnahme möglich). Die Hauptinsel erkundet man am besten **zu Fuß** oder mit dem **Fahrrad.**

Inselsteckbriefe

Name	Einwohner	Größe	Länge/Breite
Austvågøya („Ostbuchtinsel“)	9300	526,7 km²	40/30 km
Gimsøya („Schafsinsel“)	181	46,4 km²	12/4 km
Vestvågøya („Westbuchtinsel“)	11.600	411 km²	33/22 km
Flakstadøya („Felswandinsel“)	1100	110 km²	14/8 km
Moskenesøya („Insel der Halbinsel Mosken“)	1350	186 km²	35/11 km
Værøy („Wetterinsel“)	750	17 km²	9/5 km
Røst („Gezeitenstrom“)	520	10 km²	4/3 km

Zu den Lofoten zählen ferner die bewohnte Insel Skrova 22 (4,5 km²) und die nahezu unbewohnten, größeren Inseln Stormolla (35 km²) sowie Litlmolla (9,7 km²).

Auf dem Weg zu den Lofoten

Die **Anreise** zu den Lofoten, egal ob auf dem Land- oder Luftweg, erfolgt meist **über Bodø** ❶ oder aber den **südlichen Teil der Inselgruppe Vesterålen.** Die wichtigste Verkehrsverbindung stellt hier die **E6** dar, als bedeutender Verkehrsknotenpunkt fungiert der **Flughafen Harstad/Narvik bei Evenes.** Ab Bodø setzen Fähren und die Schiffe der Hurtigruten zu den Lofoten über (Details: s. S. 118).

❶ Bodø ★★

Mit 56.000 Einwohnern ist Bodø nach Tromsø der **zweitgrößte Ort Nordnorwegens** – und ein erstaunlich lebendiger sowie ehrgeizig wachsender noch dazu. Zwar wird das **Stadtbild** stellenweise durch wenig abwechslungsreiche Nachkriegsarchitektur geprägt, es zeichnet sich jedoch zugleich durch einige moderne architektonische Akzente wie das neue Rathaus ❸ und das Kulturhaus Stormen aus. Hinzu kommt eine attraktive Strandpromenade. Parkanlagen und eine offene, niedrige Bebauung sorgen für viel Raum und Weite.

Bodø gilt mit seinen Schiffsverbindungen als das **Einfallstor zu den Lofoten** und besitzt mit der landschaftlich dramatischen **Region Salten** ein attraktives Hinterland, dessen Highlight der Gezeitenstrom **Saltstraumen** darstellt.

Die **Lage** an der Nahtstelle zwischen Meer und Gebirge verschafft dem Ort ein durchaus **mildes Klima,** allerdings gibt es reichlich Regen und Wind. Die **Seeadler,** die mit Vorliebe die Thermik über der Stadt nutzen, wissen dies zu schätzen, der Mensch hingegen weniger, v. a. im Herbst und im Winter. Kein Wunder also, dass die **Haupteinkaufsstraße Storgata** 1992 auf 100 Metern Länge kurzerhand ein Dach erhielt und nunmehr ein wetterunabhängiges Shoppingerlebnis garantiert.

Stadtgeschichte

Die Geschichte Bodøs beginnt im Jahr 1663, als man an strategisch günstiger Stelle eine Poststelle angelegte. Rund ein Jahrhundert später kam nahe dem alten Hof **Hundholmen** eine Krämersiedlung hinzu. Ziel war es, die Abhängigkeit der Nordnor-

Höchster Punkt
Higravstinden (1146 m)
Svartinden (769 m)
Himmeltindan (964 m)
Stjerntinden (931 m)
Hermandalstinden (1029 m)

Nordlandsnupen (450 m)
Storfjellet (259 m)

Größter Ort
Svolvær ⓭ (4700 Einwohner)
Vinje (unter 100 Einwohner)
Leknes ㊺ (3600 Einwohner)
Ramberg (58) (320 Einwohner)
Reine (68) (980 Einwohner)

Sørland (670 Einwohner)
Røstlandet (480 Einwohner)

Bodø

0 300 m

© Reise Know-How 2024

Einkaufen/Sonstiges

3 Deutsches Konsulat
6 Bodø Sentrum Post i Butikk
10 Glasshuspassasjen & Koch kjøpesenter
12 Apotek 1 Tordenskiold Bodø
13 Turistinformasjon Bodø
14 Craig Alibone Pâtisserie
16 Vitusapotek Glasshuset Bodø
18 Fram Kino
25 Bodø kunstforening

Essen und Trinken

4 Hundholmen Brygghus & Gastropub
7 Løvolds Kafeteria
8 Lyst På
9 Berbusmel
15 Melkebaren
17 En kopp
20 Maloca Coffee & Food

Aktiv

23 Stella Polaris

Übernachtung

1 Bodø Hostel & Motel
2 Smarthotel Bodø
11 Scandic Havet
19 Comfort Hotel Bodø
21 Zefyr Hotell
22 Radisson Blu Hotel Bodø
24 Thon Hotel Nordlys

Nachtleben

5 Dama di

weger von den Kaufleuten in Bergen zu reduzieren. Doch erst 1816 wurden weiterreichende Handelsrechte verliehen – und damit Bodø (wörtlich: „Wiese der Willkommensfeste“) offiziell gegründet. Neben Hundholmen/Bodø stand als neuer Wirtschaftsstandort auch Vågan (das heutige Kabelvåg 26) auf den Lofoten zur Wahl, das jedoch zu weit abseits der zu erwartenden Handelsströme lag. Eine Fehleinschätzung, wie sich bald herausstellte. Aufgrund der reichen Fischgründe lief aller Handel weiterhin über die Lofoten, Bodøs Wachstum hingegen stagnierte, die Stadt hatte 1824 erst 210 Einwohner.

Die Wende brachte das Jahr 1864, als der Winterhering begann, dauerhaft auch die Seegebiete um Bodø aufzusuchen. Der **Fischfang** legte die ökonomische Grundlage für ein rasches **Wachstum.** In den 1870er-Jahren war Bodø eine der sich am schnellsten entwickelnden Städte in Norwegen und als der Heringsfischfang in den 1880er-Jahren an Bedeutung verlor, waren bereits viele neue Unternehmen wie Handelsbanken, Konservenfabriken, Werften und Dampfschiffgesellschaften etabliert, die nun ein langfristiges Wachstum sicherten. Um 1900 hatte Bodø bereits 6000 Einwohner. 1904 wurde der neue Hafen fertiggestellt. Mit der Gründung der Schifffahrtsgesellschaft Salten Dambskipsselskap erhielt Bodø eine Schlüsselrolle im Handel in der Region Salten. Alle wichtigen Waren wurden mit der Hurtigruten in die Stadt geliefert und hier umgeschlagen.

Der **Zweite Weltkrieg** traf Bodø hart. 1940 wurde die kleine Stadt nahezu komplett zerstört, 59 % der Einwohner wurden obdachlos. Der eigentliche Grund für die Bombardierung ist unklar. Einerseits ist denkbar, dass der Gedanke an Widerstand im Keim erstrickt werden sollte. Andererseits könnte die Zerstörung auch in Zusammenhang mit den Kampfhandlungen in Narvik gestanden haben. In jedem Fall legten die Auseinandersetzungen die Grundlage für die zentrale Stellung Bodøs während des Kalten Kriegs. Der **Militärflugplatz** der Stadt wurde zu einem wichtigen Baustein der Verteidigungsstrategie der NATO. Bodøs militärische Bedeutung hat mit der gestatteten Verlegung des Militärflugplatzes deutlich nachgelassen. Die Stadt ist nun auf dem besten Wege, nach Fischfang und Jagdgeschwadern mit dem Zusammenspiel von **Bildung** und **Hochtechnologie** einen dritten Weg in Richtung Zukunft zu beschreiten, hin zur „Smart City“. 2024 ist Bodø **Kulturhauptstadt Europas** (www.bodo2024.no).

15lo ©Luis Leamus, stock.adobe.com

Aussicht auf den Hafen und die moderne Skyline Bodøs

2 Domkirche ★★ [S. 16]

Ja nachdem, aus welcher Richtung man sich der Bodøer Domkirche nähert, wird man entweder den filigranen, freistehenden **Glockenturm** von 36 Metern Höhe oder das eher wuchtige **Langhaus** zuerst entdecken. Letzteres erinnert, ob nun gewollt oder nicht, an eine der für Norwegen so typischen Werfthallen.

Das von den Architekten Gudolf Blakstad und Herman Munthe-Kaas entworfene funktionalistische Gebäude wurde 1956 geweiht und ersetzte den am 27. Mai 1940 zerstörten Vorgängerbau. Es steht symbolisch für die durch den Zweiten Weltkrieg erzwungene Transformation des Stadtzentrums von Holz zu Beton und gleichzeitig für den Sieg des Glaubens über die Nazi-Doktrin, war doch auf dem frei gewordenen Areal ursprünglich der Bau einer **Parteizentrale** geplant.

016lo ©maylat, stock.adobe.com

Besonders augenfällig ist der **Kontrast** zwischen dem grau-braunen Äußeren und dem hellen, erhabenen Innenraum. Eine Schalenkonstruktion aus armiertem Beton macht es möglich, dass dieser ohne Säulen auskommt und einen geradezu schwerelosen Eindruck hinterlässt. Verstärkt wird Letzterer durch die schlanke, zwölf Meter hohe **Glasmalerei „Christi Himmelfahrt“** über dem Altar, entworfen von Aage Storstein und umgesetzt von Borgar Hauglid. Hauglid fertigte zudem das Rosenfenster über der 2013 eingesetzten Orgel. Die Deckenwölbung der Seitenschiffe zieren zehn von Sigrun Berg gestaltete Läufer. An der äußeren Südwand der evangelisch-lutherischen Bischofskirche ist eine **Skulptur** des nordnorwegischen Pfarrers, Psalmendichters und Lyrikers **Petter Dass** zu finden.

Zu jeder vollen Stunde zwischen 9 und 18 Uhr erklingt vom Glockenturm das **nördlichste Glockenspiel der Welt**. Das 2012 installierte Instrument hat jedoch nur eine geringe klangliche Reichweite, sodass es nur nahe der Kirche zu vernehmen ist.

› **Bodø Domkirke,** Torvgata 12, https://kirken.no/bododomkirke, geöffnet: Mo–Fr 9–15, So 10–14 Uhr, Juni–Aug. auch Sa 12–15 Uhr, Eintritt frei, Sa 13 Uhr Orgelkonzert

3 Rathaus ★ [S. 16]

Nach den Zerstörungen des Zweiten Weltkriegs musste Bodø auch ein neues Rathaus erhalten. Charakteristisch für den stadtbildprägenden, 1962 eröffneten Bau sind ein frei stehender Turm und ein hohes, schlankes „Langhaus“. Die **Parallelen zur Domkirche** 2 sind unverkennbar. Kein Wunder, standen doch für das Verwaltungsgebäude Bodøs dieselben Architekten ein: Gudolf Blakstad und Herman Munthe-Kaas.

Um Platzproblemen Herr zu werden, wurde 2019 ein architektonisch beeindruckender, in Grundzügen wabenförmiger Anbau mit interessanter Innenarchitektur eröffnet.

› **Bodø Rådhus,** Torvgata/Kongensgate, Mo–Fr 8–15.30 Uhr, www.bodo.kommune.no

4 Nordlandmuseum ★★ [S. 16]

Das neben der Domkirche 2 und dem Rathaus 3 dritte Bauwerk entlang der innerstädtischen Grünanlagen Rådhusparken und Solparken gehört dem Nordlandmuseum. Es ist eines der wenigen Gebäude der Stadt, das den Krieg unbeschadet überstanden hat. Errichtet wurde der ockerfarben verputzte Steinbau 1903. Er beherbergt heute die zentrale **Ausstellung zur Geschichte der Stadt, der Fischerei und der Samen.** Ein Höhepunkt ist der **Silberschatz von Bratten** mit Schmuck und Münzen aus der Wikingerzeit. Die Ausstellung wurde in den letzten Jahren neu konzipiert, das Museum soll 2024 wieder eröffnen.

› **Nordlandmuseet,** Prinsens gate 116, Tel. 75503500, https://nordlandsmuseet.no, **Neueröffnung 2024,** voraussichtliche Öffnungszeiten: Mitte Juni–Mitte Aug. 11–17 Uhr, sonst Mo–Fr 11–15, Sa, So 12–15 Uhr, Eintritt: 120 nkr, Rabatt für Kinder unter 18 Jahren

5 Stormen Konserthus ★ [S. 16]

Der Bau von Kulturhäusern ist seit rund zwei Jahrzehnten eine große städtebauliche Leidenschaft in Norwegen. In Bodø wurde das Thema 1999 erstmals akut, als es um die Umgestaltung des ehemaligen Busbahnhofs ging. Als Folge von diversen Finanzierungslücken kam erst 2007 wieder Schwung in die Debatte um ein **Gebäude für Theater-, Opern- und Konzertaufführungen.** Das britische Architekturbüro DRDH trug den Sieg davon, was, glaubt man einer Umfrage unter den Lesern der Zeitung Avisa Nordland, eine Mehrheit der Einwohner kritisch sah. Nachdem sich der Stadtrat trotz des Unmuts gegen eine Volksabstimmung ausgesprochen hatte, wurde das Haus mit dem Namen **„Der Sturm“** schließlich errichtet und 2014 eröffnet.

MEIN TIPP

Das Fram Kino

Großes Kino verbindet man ja häufig mit den bekannten Metropolen der Welt. Doch sind es in den kinematografischen Anfängen vor allem kleine Orte, die sich hervorgetan haben, darunter erstaunlicherweise auch das nordnorwegische **Bodø** 1. Am 29. August 1908 wurde hier das Fram Kino eröffnet, wobei man schon 1906 ab und zu „laufende Bilder“ auf der Leinwand zeigte. Der Name des Kinos, der im Deutschen „Vorwärts“ bedeutet, ist seither Programm, ist das Haus doch kontinuierlich in Betrieb und ebenso ununterbrochen im Besitz der Familie Jørgensen. Allerdings mussten angesichts der Zerstörungen des Zweiten Weltkriegs die Vorführräumlichkeiten gewechselt werden. Die geschichtlichen Angaben variieren zwar, aber das Fram Kino ist wohl das **dritt- oder viertälteste der Welt** und definitiv **das älteste Norwegens.**

■ **Fram Kino** <001> Storgata 8, Tel. 75503400, www.framkino.no

◁ *Filigrane Modernität: die Bodøer Domkirche*

Das **marmorverkleidete Betongebäude** mit untergliederter **Glasfront** wirkt, ganz im Gegensatz zum benachbarten schwarzen Koloss des Hotels Radisson Blu, hell und optimistisch, wenngleich es äußerlich eher unspektakulär ist. Die drei holzverkleideten Säle und der lichtdurchflutete Anbau der **Stadtbibliothek** hinterlassen jedoch einen freundlichen, ansprechenden Eindruck.

› Storgata 1B, Tel. 75549000, www.stormen.no

6 Festung Nyholmen ★ [S. 16]

Auf der **Halbinsel Burøya** nördlich der Bodøer Innenstadt steht die frei zugängliche Anlage des **Nyholmen-Forts.** Errichtet wurde der kleine Festungsbau im Zuge der Napoleonischen Kriege im Jahr 1810, um die Getreidelager der Umgebung vor der Zerstörung zu bewahren. 25 Jahre nach dem Bau wurde Nyholmen wieder stillgelegt und verfiel zusehends. Heute sind nur noch **Mauern** und zwölf Kanonen-Reproduktionen zu sehen.

Neben der Festung stehen die beiden weißen Gebäude des ehemaligen Leuchtturms **Nyholmen fyr.** Die 1875 eröffnete Anlage wurde nach einer Umstrukturierung des Hafens bereits 1907 wieder stillgelegt.

› **Nyholmen Skandse,** gegenüber dem Stadtzentrum gelegen, 3,3 km vom Fährhafen und vom Bahnhof entfernt, 4,5 km vom Zentrum

7 Norwegisches Luftfahrtmuseum ★★

Die **Geschichte der norwegischen Luftfahrt** begann am 1. Juni 1912, als sich Hans Fleischer Dons mit einer Maschine des Typs Rumpler-Taube in die Lüfte erhob – der erste bemannte Flug in der Geschichte des Landes. Bis Bodø das erste Mal angesteuert wurde, sollten allerdings noch 23 Jahre vergehen. Im Sommer 1935 legte erstmals eine Junkers W 34, ein einmotoriges Wasserflugzeug, auf dem regulären Flug von Bergen nach Tromsø im Bodøer Hafen eine Zwischenlandung ein. Einen Flugplatz an Land erhielt die Stadt erst im Zuge des Zweiten Weltkriegs, als die britische Royal Air Force ihre Basis auf einer weitläufigen Wiese errichten ließ. Die Anlage wurde bereits am Tage nach der Eröffnung am 14. Mai 1940 von der deutschen Luftwaffe bombardiert und eingenommen.

Mit dem Beschluss in den 1950er-Jahren, in Bodø den **Hauptflughafen Nordnorwegens** zu etablieren, wurden Rollbahn und Terminal in den letzten Jahrzehnten Schritt für Schritt erweitert, neu- oder umgebaut. Aus Lärmschutz- und Platzgründen wird aktuell an einer Verlegung der stark frequentierten Anlage gearbeitet.

Das 12.000 m² große **Luftfahrtmuseum** wurde 1992 eröffnet und hat aus der Ferne betrachtet die **Gestalt eines Propellers.** Die weitläufige Ausstellung umfasst sowohl zivile Flugzeuge, wie eine Junkers Ju 52 und eine Twin Otter, als auch militärische Maschinen, wobei Letztere überwiegen. Großformatige Fotos, Modelle, interaktive Objekte und kleine Experimente lassen das Museum zu einem lebendigen Ort werden.

› **Anfahrt und Parken:** 2 km südöstlich des Zentrums gelegen, Parkplatz (3 Std. gratis), Bus Nr. 3 (gelb) in Richtung Stordalen, Direktbus ab Hurtigrutenanleger

› **Norsk Luftfartsmuseum,** Børtindgata 35B, www.luftfartsmuseum.no, Tel. 75507850, geöffnet: Mo–Fr 10–16, Sa, So 11–17 Uhr, Eintritt: 175 nkr, Kinder 90 nkr, Familien 450 nkr

8 Bodin-Kirche ★★

Das Bauernland Norwegen war über Jahrhunderte hinweg eines der **Armenhäuser Europas.** Ein erster kleiner Aufschwung konnte jedoch im 19. Jh. verzeichnet werden. Neben Industriebauten und Wohnhäusern wurden vor allem Kirchen neu errichtet oder saniert. Bei der Bodin-Kirche geschah beides. 1894 begann man damit, die verfallenen Teile des mittelalterlichen Gotteshauses abzureißen und im historisierenden Stil wiederaufzubauen. Teile des **Renaissance-Querschiffs** blieben erhalten. Hinzugefügt wurden Elemente im **Schweizerstil** und ein **Turm.** Im Zuge der Restaurierungsarbeiten in den 1960er-Jahren wurde versucht, dem vermuteten mittelalterlichen Aussehen baulich wieder näher zu kommen.

Das **Interieur** ist ein Sammelsurium aus verschiedenen Epochen, bildet aber trotzdem optisch eine Einheit. Der Altar aus Marmor und Speckstein datiert aus dem 14. Jh., die Altartafel hingegen ist barocken Ursprungs. Die Kanzel mit Malereien der vier Evangelisten wurde um 1650 errichtet, die drei Kronleuchter stammen aus den 1760er-Jahren. Zuletzt kamen 1966 das Taufbecken aus Fausker Marmor und 2003 eine Orgel hinzu. Das Instrument ist die Kopie einer Orgel aus dem 18. Jh.

› **Bodin kirke,** Gamle riksvei 68, an der Rv 80 im Südosten Bodøs ausgeschildert, kirken.no/bodin, geöffnet: im Sommer meist Mo–Fr 10–15 Uhr, Eintritt frei

017lo ©Luis Leamus, stock.adobe.com

Die Hafeneinfahrt von Bodø

9 Freilicht- und Seefahrtsmuseum Bodøsjøen ★★

Das Bodøer Freilichtmuseum ist Teil eines **Naherholungsgebiets** und **frei zugänglich.** Zu sehen sind 14 historische Holzhäuser und Bootsschuppen aus der Region. Für das wichtigste Ausstellungsstück, den einmastigen **Rahsegelfrachter „Anna Karoline“,** wurde 2019 eigens ein neues Museumsgebäude eröffnet. Im **Jektefartsmuseet** ist die Geschichte der Seefahrt im Norden Norwegens das bestimmende Thema.

Breite, **einmastige Segelboote**, die sog. *jekter,* waren einst das vorherrschende Verkehrsmittel entlang der nord- und westnorwegischen Küste. Ihre Verbreitung begann gegen Ende des Mittelalters und hielt bis zu Beginn des 20. Jh. an. Ein Grund für das Aufkommen der Jekte-Fahrten *(jektefarter)* liegt in einem **königlichen Dekret**, das der Hanse zwar den **Handel mit Trockenfisch** (s. S. 92) gestattete, ihr aber verbot, die Gewässer nördlich von Bergen zu befahren. Neben Fisch wurden vor allem Tran, Pelze von Ottern, Wölfen, Bären, Füchsen, Ziegen und Rentieren, Mehl, Branntwein, Gewürze, Salz und Tabak, Keramik und Metallwaren transportiert.

› **Bodøsjøen friluftsmuseet & Jektefartsmuseet,** Olav V gate/Rorbuveien 3, an der Rv 80 südöstlich der Innenstadt den Schildern „Bodin" folgen, www.jektefart.no

› **Jektefartsmuseet,** geöffnet: Mo–Fr 10–16, Sa, So bis 17 Uhr, 150 nkr, Kinder bis 18 Jahre gratis

10 Rønvikfjellet ★★

Das rund 150 m hohe **Plateau** ist das **Naherholungsgebiet** der Stadt. Vom Platz vor der (derzeit geschlossenen) **Touristenhütte** *(turisthytta)* aus genießt man einen schönen Blick über die Stadt und das Umland. Die beste Aussicht verspricht jedoch der 366 Meter hohe Berg **Keiservarden.** Er ist vom **Parkplatz** aus etwa binnen einer Stunde erreichbar (auf die grünen Wanderschilder an der Straße achten). Seinen Namen verdankt der Berg angeblich dem Umstand, dass er 1891 vom deutschen **Kaiser Wilhelm II.** bestiegen wurde.

Von Rønvikfjellet und Keiservarden aus lässt sich zwischen dem 4. Juni und dem 8. Juli gut die **Mitternachtssonne** (s. S. 113) beobachten.

› Fjellveien, von der Rv 80 auf die Fv 834 in Richtung Kjerringøy abbiegen, dann ausgeschildert (Rønvikveien)

Weitere Attraktionen

Bodø beheimatet mit dem **Kunstforening** und dem **Bodøgaard** zwei **Galerien** mit durchaus auch überregionaler Reichweite. Gezeigt werden regelmäßig Werke bekannter norwegischer Maler und Grafiker.

■ **Bodø kunstforening** <002> Moloveien 10, Tel. 75522322, www.bodokunst.no, geöffnet: Mi–So 12–16 Uhr

› **Bodøgaard** <003> Skeiddalen 2, Tel. 90720843, www.bodogaard.no, variierende Öffnungszeiten

Infos und Reisetipps

■ **Turistinformasjon Bodø** <004> Dronningens gate 15, https://visitbodo.com, Tel. 75548000, geöffnet: Juni–Aug. Mo–Fr 9–20, Sa, So 10–18 Uhr, Sept.–Mai Mo–Fr 10–15.30 Uhr

› **Fähre, Hurtigruten und Flughafen:** s. An- und Rückreise auf S. 118

■ **Stella Polaris** <005> Hurtigruten-Anleger, Tel. 48249626, www.stella-polaris.no, Tourenveranstalter für Seeadlersafaris und Ausflüge zum Saltstraumen.

› **Fahrradverleih:** in der Touristeninformation (250 nkr/Tag)

Unterkünfte

■ **Bodø Hostel & Motel** € <006> Sjøgata 57, Tel. 48134505. Empfehlenswerte Jugendherberge in einem größeren Häuserblock nahe Bahnhof und Fährhafen.

■ **Comfort Hotel Bodø** €€€ <007> Sandgata 4, Tel. 40000355, www.nordicchoicehotels.com. Neues Hotel im Wohnkomplex The Storm. Die komfortablen Zimmer bieten einen grandiosen Rundumblick auf Stadt, Fjord und Berge.

■ **Radisson Blu Hotel Bodø** €€€ <008> Storgata 2, Tel. 75519000, www.radissonblu.com/en/hotel-bodo. Großer, zeitgenössischer Hotelbau unmittelbar am Wasser. Die Zimmer bieten einen tollen Ausblick. Mit Top 13 Bar (s. S. 24).

- **Scandic Havet** €€€ <009> Tollbugata 5, Tel. 75503800, www.scandichotels.no. Großes, topmodernes und stylishes Hotel, das mit seiner Lage direkt am Meer punktet.
- **Smarthotel Bodø** € <010> Sjøgata 30, Tel. 41536500, https://smarthotel.no/en/bodo. Preiswertes, gutes Zentrumshotel. Moderne Ausstattung.
- **Thon Hotel Nordlys** €€-€€€ <011> Moloveien 14, Tel. 75531900, www.thonhotels.no. Modernes, angenehmes Hotel, unmittelbar am Wasser zu finden.
- **Zefyr Hotell** €€ <012> Biskop Kroghs gate 21, Tel. 75500620. Eher einfaches, schnörkelloses Hotel in der Nähe des Krankenhauses.

Essen und Trinken

- **Berbusmel** €-€€ <013> Storgata 7c, Tel. 41373000, www.berbusmel.no, geöffnet: Mo–Fr 9–17, Sa 9–16 Uhr. Hervorragender Bäcker mit angeschlossenem Café, in dem es neben Kuchen auch Kleinigkeiten zum Mittagessen gibt.
- **En kopp** € <014> Sjøgata 3, Tel. 47335084, www.facebook.com/EnKopp, geöffnet: tgl. 10–23 Uhr. Keine kulinarischen Highlights, aber solides, gutes Essen – Pasta, Burger und Fisch.
- **Hundholmen Brygghus & Gastropub** €€ <015> Tollbugata 13, Tel. 48502727, hundholmenbrygghus.no, geöffnet: Di–Do 15–24, Fr 11–3, Sa 12–3 Uhr. Modernes und doch uriges Brauhaus mit angeschlossenem Restaurant.
- **Lyst På** €€€ <016> Storgata 7 A, Tel. 75527070, https://lystpa.no, geöffnet: Mo–Do 11–23, Fr, Sa bis 0.30 Uhr. Was das Essen angeht, ist dieses im skandinavischen Stil gehaltene Haus eine ausgezeichnete Wahl. Ein Tipp für Preisbewusste: das Mittagsbuffet (Mo–Fr 11–14, Sa 12–16 Uhr).
- **Løvolds Kafeteria** € <017> Tollbugata 9, Tel. 75520261, https://lovoldskafeteria.no, geöffnet: Mo–Fr 9–18, Sa 10–16 Uhr. Typisch norwegische Gerichte zu vernünftigen Preisen. Auf der Karte stehen außerdem Kaffeespezialitäten, Kuchen und leckere Waffeln.
- **Maloca Coffee & Food** €-€€ <018> Dronningens gate 30, Tel. 45343718, geöffnet: Mo–Fr 10–17, Sa 11–17 Uhr. Ausgezeichnetes, trendiges Café mit hervorragendem Kaffee.
- **Melkebaren** € <019> Storgata 16, Tel. 91733910, www.facebook.com/melkebaren, geöffnet: Mo–Fr 7.30–17, Sa 10–17, So 12–16 Uhr. In der „Milchbar“ gibt es nicht nur Eis, sondern auch hervorragenden Kaffee und Chai Latte.

Einkaufen

- **Craig Alibone Pâtisserie** <020> Torvgata 1, https://craigalibone.com, geöffnet: Di–Fr 10–17, Sa 10–15 Uhr. Schokoladenköstlichkeiten für geschmacksverwöhnte Süßschnäbel.
- › **Flying Tiger** <021> Stormyra, Einkaufszentrum City Nord, https://flyingtiger.com, geöffnet: Mo–Fr 9–21, Sa 10–19 Uhr. Die dänische Einrichtungskette bietet Nützliches und Originelles für Büro, Haushalt, Wohn- und Kinderzimmer.
- **Glasshuspassasjen & Koch kjøpesenter** <022> Storgata 16, www.koch.no, geöffnet: Mo–Sa 10–20 Uhr. Überdachtes Einkaufszentrum mit großer Branchenvielfalt, unter anderem eine Filiale der dänischen Einrichtungskette Søstrene Grene.

Nachtleben

- **Dama di** <023> Sjøgata 18, geöffnet: 20–3 Uhr. Coole Bar, Kulturhaus sowie Raum für Kunst und Krempel. Sehr empfehlenswerte Adresse.
- › **Hundholmen** (s. links). Hier kann man es sich auch bis spät in die Nacht gut gehen lassen.

> **Top 13 Bar,** im Radisson Blu Hotel Bodø (s. S. 22), geöffnet: Mo–Do 19–0.30, Fr 15–2, Sa 17–2 Uhr. Bar in der oberen Etage des Hotels, das eine grandiose Sicht über die Stadt bietet.

Anreise über Evenes/ Südliche Vesterålen

Die nicht gerade große Inselgruppe der Lofoten zählt trotz allem insgesamt vier Flughäfen (s. S. 120). Angesteuert werden diese jedoch ausschließlich von den recht kleinen Maschinen der Gesellschaft Widerøe. Wer hingegen mit dem norwegischen **Billigflieger Norwegian** anreisen möchte, landet unweigerlich am **Flughafen Harstad/Narvik** bei Evenes. **Evenes** ist ein kleiner Ort im Nirgendwo zwischen den beiden Kleinstädten Narvik und Harstad im südlichen Bereich des Vesterålen-Archipels.

Bis zum **Raftsund** 12, der die nordöstliche Grenze der Lofoten markiert, sind es mit dem Mietwagen rund anderthalb Stunden. Die Reise führt über die **E 10**, die teils begradigt, teils recht kurvig ist. Unterwegs bieten sich malerische Aussichten über Fjorde und Berge.

11 Insel Hinnøya und Berg Møysalen ★ [P1]

Der Flugplatz von Evenes liegt in der Region **Ofoten.** Nach rund 15 Minuten Fahrt ist von dort aus die ein Kilometer lange, 1967 eröffnete **Hängebrücke** über den **Tjeldsund** erreicht. Schwungvoll geht es hinüber auf die Vesterålen, wo die E 10 die südlichen Ausläufer **Hinnøyas,** der mit 2204 km² größten Insel Festlandnorwegens (größer ist nur Spitzbergen), quert. Die Landschaft präsentiert sich zunächst recht malerisch, mit einem weiten Blick über den Fjord und einzelnen farbenfrohen Siedlungen. **Parkbuchten** gibt es nur wenige. Wer ungestört und vor allem ungefährdet ein Foto von der Landschaft machen möchte, sollte besser abbiegen, z. B. auf den Fv 837 in Richtung Vestbygd. Für ein Bild von der Brücke ist es hingegen ratsam, auf den Fv 825 abzuzweigen

018lo-ms

und 200 Meter in Richtung Gratangsbotn zu fahren.

Ab dem Abzweig der Rv 85 in Richtung Sortland wird die Landschaft zunehmend rau und einsam. Westlich des 6,3 Kilometer langen **Sørdalstunnels** ist der **Innerfjord** erreicht. Eine **Doppelbrücke** führt über die beiden kleinen Gezeitenströme **Austerstraumen** und **Vesterstraumen.** Unterhalb des östlichen Abschnitts der östlichen Brücke befindet sich einer der wenigen **Parkplätze** (links, winziges Schild 900 Meter westlich des Tunnels).

Die Stellflächen sind der Ausgangspunkt für **Wanderungen** im **Møysalen-Nationalpark.** Gekrönt wird das 51 km² große Gebiet vom **gleichnamigen Berg**, der mit 1262 Metern höchsten Erhebung der Vesterålen. Der Møysalen erinnert aus der Ferne an das Dach einer überdimensionierten Gildehalle. Darin sollen angeblich noch heute die „Møyer“ genannten Trolldamen ihre rauschenden Feste abhalten.

12 Digermulen am Raftsund ★★ [N4]

Die spektakuläre, 20 Kilometer lange und zwischen 3400 und 220 Meter breite **Meeresenge** bildet die geografische Grenze zwischen den Lofoten und den Vesterålen, wobei sie kommunalpolitisch zu den Lofoten gezählt wird. Die höchsten Erhebungen entlang des Sunds sind der **Svartsundtindan** mit 1050 Metern und der **Olsanestinden**, der die 1000er-Marke um genau einen Meter verpasst.

Maler und zahllose gekrönte Häupter, unter ihnen Kaiser Wilhelm II., waren von der **dramatischen Bergwelt** begeistert, nicht minder sind es die Touristen unserer Tage. Zweimal pro Tag wird der Raftsund von der **Hurtigruten** durchkreuzt, südgehend etwa um 16 Uhr und nordgehend gegen 23 Uhr. Die Schiffe fahren dabei auch in den weltbekannten Seitenarm des Sunds, den **Trollfjord** (23), ein.

Die bekannteste Siedlung entlang des Raftsunds ist **Digermulen**, 22 Kilometer südwestlich der Brücke gele-

Schwungvolle Konstruktion: die Brücke über den Tjeldsund

Licht und Schatten: ein Septemberabend am Raftsund

gen. **Kaiser Wilhelm II.** hielt sich hier besonders gerne auf, heute zieht das Örtchen v.a. Ruhesuchende, Angler und Wanderer in die von dramatischer Landschaft umgebene 350-Seelen-Gemeinde. Sehenswert ist die achteckige Kirche, die auf Wunsch der Anwohner nach jahrelanger Planungszeit 1951 eingeweiht wurde.

Gegenüber der Kirche, an der Hauptstraße, kann man eine leichte **Wanderung** auf den 363 Meter hohen **Digermulkollen** und den dahinter liegenden, angeblich nach Wilhelm II. benannten **Keiservarden** (1,8 km pro Richtung) unternehmen. Die Aussicht über die Welt der Lofoten ist atemberaubend.

Im Zuge des Neubaus der E 10, der als „Lofast" bezeichneten Festlandsverbindung der Lofoten, wurde 1998 auch die 711 Meter lange **Brücke über den Raftsund** eröffnet. Nicht selten pfeift über das rund 54 Meter hohe Bauwerk ein scharfer Wind. Dieser folgt der von Südwest nach Nordost verlaufenden Meeresenge.

Infos und Reisetipps

- **Bus:** Buslinie 300 fährt 2–3-mal täglich vom Flughafen in Richtung Lofoten (Svolvær 13, Leknes 45, Moskenes 70, Å 74), www.reisnordland.no/rutetabeller-buss-lofoten
- **Fähre:** 1–3-mal täglich auf der Strecke Digermulen – Finnvik (Insel Stormolla), www.boreal.no

Unterkünfte

- **Aiden by Best Western Harstad Narvik Airport** €€€ <024> Bedringensvei 35, Evenes, ca. 600 m vom Flughafen entfernt, Tel. 41366109. Kleines, einfaches, aber sauberes Hotel an der E 10, unweit der Tankstelle.
- **Boazovazzi** €€ <025> E 10, rund 1,5 km westl. der Kreuzung Rv 85/E 10, nahe Lødingen, Tel. 91142810. Etwas ältere, aber empfehlenswerte Unterkunft direkt an der Hauptstraße. Ideal für eine Zwischenübernachtung. Angeschlossen ist ein samischer Souvenirshop.
- **Gullesfjordbotn Camping** €€ <026> Gullesfjord, E 85, nahe der E 10, Tel. 810, Tel. 95063496, https://gullesfjordcamping.no. Schöner, ordentlicher Campingplatz mit gut ausgestatteten Hütten, am Ende des Gullesfjords gelegen.
- **Prima Lofoten Overnatting** €€-€€€ <027> Myrlandsveien, Myrland, 9 km westlich der Raftsundbrücke, Tel. 93281878, www.prima-lofoten.no. Charmant, behaglich und authentisch gestaltetes Gästehaus am Wasser. Ideal für Mitternachtssonne und Nordlicht. Mit Grillhaus.
- **Tjeldsundbrua Camping** €€ <028> nördlich der Tjeltsundbrücke, von der E 10 nach Gratangsbotn abbiegen, Tel. 99419100, www.tjeldsundbruacamping.no. Einfacher, recht guter Platz zwischen Straße und Sandstrand. Toller Blick. Hütten mit 2–3 Schlafplätzen und moderne Wohncontainer für ungewöhnliche Übernachtungserlebnisse.
- **Tjeldsundbrua Kro & Hotell** €€€ <029> E 10, an der Tjeltsundbrücke, von der E 10 nach Gratangsbotn abbiegen, Tel. 77089300, www.tkh.no. Zweckmäßiges Hotel in toller Lage. Als Zwischenübernachtung völlig in Ordnung.

Einkaufen

Entlang der Strecke gibt es nur sehr **wenige Supermärkte**, daher hier zwei Empfehlungen:

- **Coop Extra** <030> Skånlandsveien, Evenskjer, 14 km nördlich des Flughafens, nach Eveskjer abbiegen, geöffnet: Mo–Sa 7–23 Uhr
- **Rema 1000** <031> Sjøvegen, Lødingen, 3 km südlich der Kreuzung E 10/Rv 85, nach Lødingen abbiegen, geöffnet: Mo–Sa 7–23 Uhr

Austvågøya

⑬ Svolvær ★★ [L5]

Svolværs Geschichte als **bedeutender Handelsort** begann da, wo die Historie von so manch anderem Fischerort der Lofoten schon endete: Mitte/Ende des 19. Jh. Die Fangflotten wurden immer größer, ebenso die Boote. Viele Häfen hatten keinen Platz für die dampfbetriebenen Schiffe oder lagen zu exponiert für ein sicheres Anlanden bei Sturm. Svolvær kannte diese Probleme nicht. Vorgelagerte Inseln boten Schutz und am Ufer des mächtigen **Vestfjords** gab es genug Platz für neue Kaianlagen, Fabriken und Werften. Es verwundert daher nicht, dass der Ort heute die **größte Siedlung der Lofoten** ist, wobei „groß" bei lediglich 4700 Einwohnern getrost in Anführungsstriche gesetzt werden kann. Dennoch hat Svolvær seinen Bewohnern und Besuchern einiges zu bieten: Neben Bildungseinrichtungen gibt es ein Kulturhaus und ein Kino, gleich zwei Einkaufszentren, Restaurants und Cafés.

Svolvær, dessen **Name** sich vom samischen Wort *Spållavuolle* („Inseldorf") ableitet, zeigt sich auf den ersten Blick recht modern. Neue Shoppingmalls und Hotels zeugen vom **Boom**, den die Stadt momentan erlebt. Historische Sehenswürdigkeiten sind in dem lebendigen Städtchen weniger zu finden als in anderen Lofotenorten. Trotzdem lassen sich auf den Inseln **Lamholmen** und **Svinøya** ⑳ sowie rund um den Hafen und die Hafenpromenade einige **malerische Ecken** entdecken. In jedem Fall eindrucksvoll ist die das Städtchen einrahmende **Bergkulisse**, deren optischer Höhepunkt die **Felsenziege Svolværgeita** (s. S. 28) darstellt. Die im Buch vorgestellte Wanderung 1 (s. S. 96) führt hier hinauf.

⊡ *Der Hafen von Svolvær zeigt sich modern*

020lo-ms

14 Torget ★ [S. 144]

Die Freigabe des Handels per königlichem Dekret vom 12. September 1753 führte zu einem zunehmend freien Warenverkehr entlang der Küste. Händler aus Kristiansund und Molde kauften im Raum Svolvær rohen Fisch, den sie zu **Klippfisch** (s. S. 107) weiterverarbeiteten. Ab den 1870er-Jahren kam der **Markthandel** hinzu. Er wurde zunächst in Verkaufsständen auf einer Landzunge gegenüber der Insel Svinøya 20 abgewickelt, später auf dem neu angelegten **Markt**, dem Torget. Zugereiste aus dem Romsdal boten Kleidung und Schuhe feil, Händler aus dem Numedal vorwiegend Stoffe.

Nachdem der Platz längere Zeit als Verkehrsknotenpunkt gedient hat, ist er seit einer aufwendigen Sanierung 2005 wieder das **verkehrsberuhigte Zentrum** des kleinen Ortes. Im Sommer bieten fliegende Händler lokale Produkte und Blumen an.

Flankiert wird der Torget von einem **architektonischen Sammelsurium**, das von Holzhäusern des 19. Jh. über zweckmäßige Kastenbauten der 1960er-Jahre bis hin zu neuen, auffälligen Hoteltürmen reicht.

15 Nordnorwegisches Künstlerzentrum ★★ [S. 144]

Zahlreiche Künstler ließen und lassen sich von der einzigartigen Natur der Lofoten inspirieren. Das Nordnorsk kunstsenter am Torget 14 möchte nicht nur Raum für **temporäre Ausstellungen** von etablierten und aufstrebenden Malern, Grafikern

Svolværgeita – die Ziege auf dem göttlichen Berg

Man muss schon sehr genau hinsehen, um das Wahrzeichen des Ortes zu entdecken: die Hörner der Felsenziege Svolværgeita. Seit wann man in den beiden mehrere Meter aufragenden Gesteinsformationen ein Tier sieht, ist nicht überliefert. Gesichert ist hingegen, dass man den Hang seit Generationen mit der nordischen Mythologie in Verbindung brachte. Noch heute heißt der Berg **Fløyfjellet** (oder kürzer: **Fløya**) [L4–5]. Er ist benannt nach Frøy (Freyr), dem Herrscher über den Wind und die See. Der eigentliche Gipfel trägt den Namen von Frøys Schwester Frøya (Freyja), der Fruchtbarkeitsgöttin. Es mag sein, dass sich zu diesem geschwisterlichen Doppel irgendwann die Ziege gesellte, steht diese doch symbolisch für eine reiche Ernte oder einen guten Fang. Eine ältere Deutung sieht in den beiden aufragenden Felsen zwei Personen in inniger Umarmung, vermutlich Frøy und Gerd (Gerda) als Repräsentanten der Göttergeschlechter der Vaner (Wanen) und Æser (Asen). Denkbar ist, dass die mythologische Bedeutung der Felsen mit ein Grund dafür war, dass sich Svolvær 13 erst in jüngerer Zeit zu einer bedeutenden Fischereisiedlung entwickelte, weil der Landstrich zuvor der Götterverehrung vorbehalten war. Immerhin wurden noch vor hundert Jahren zu Füßen der Felswand Fischopfer dargebracht.

Der Berg mit seinem vorstehenden Felsen überragt Svolvær im Osten. Aus Richtung Svinøya 20 ist der gespaltene Gipfel noch am besten zu erkennen, wenngleich man die Augen schon etwas zusammenkneifen muss. Dies ist wahrscheinlich auch der Grund, weshalb die „Ziege" seit 2017 in der dunklen Jahreszeit beleuchtet wird.

und Kunsthandwerkern bieten, sondern auch großformatige **Kunstprojekte** in der Region umsetzen und die Kreativität von Kindern und Jugendlichen fördern. Der **Galerieshop** bietet eine große Auswahl an Bildern und Kunsthandwerk.

› **Nordnorsk kunstsenter,** Torget 20, Tel. 40089595, www.nnks.no, geöffnet: Di–So 10–16 Uhr, Eintritt frei

16 Galerie Dagfinn Bakke ★★ [S. 144]

Der 1933 in Lødingen auf den Vesterålen geborene Maler und Grafiker **Dagfinn Bakke,** der 2019 verstarb, ist für seine harmonischen Lofotenbilder über die Landesgrenzen hinaus bekannt. Einige seiner Werke schafften es sogar in die Nationalgalerie in Oslo. Besonders eindrücklich sind Bakkes **Nordlicht-Aquarelle.** Sie stehen in Kontrast zu den humorvollen **Zeichnungen,** mit denen er den Alltag im nördlichen Norwegen porträtierte. In der Galerie unweit des Torget 14 werden einige Bilder Dagfinn Bakkes ausgestellt und können käuflich erworben werden.

› **Galleri Dagfinn Bakke,** Rich. Withs gate 4, www.dagfinnbakke.no, Tel. 99596949, geöffnet: Mo–Fr 11–15, Do bis 19 Uhr, Eintritt frei

17 Lofoten-Kriegsmuseum ★ [S. 144]

In der Fiskergata findet sich Svolværs kleines **Kriegsmuseum.** Anhand von unzähligen Gegenständen, die ein Verein zusammentrug, wird an die schwere Zeit des **Zweiten Weltkriegs** erinnert. Dokumentiert wird beispielsweise die **Operation Claymore** (s. S. 116). Außerdem ist ein Gestapo-Raum zu sehen. Die Geheimpolizei der Nazis hatte in Svolvær ihren Sitz. Die ausgestellten Objekte werden teils etwas zusammenhanglos und unkommentiert präsentiert. Die meisten Beschriftungen sind auf Norwegisch, einige auf Englisch verfasst.

› **Lofoten Krigsminnemuseum,** Fiskergata 3, Tel. 91730328, www.lofotenkrigmus.no, geöffnet: Mo–Fr 10–16, 18.30–22, Sa 11–15, 18.30–22, So 12–15, 18.30–22 Uhr, 100 nkr, Kinder 50 nkr

18 Magic Ice ★★ [S. 144]

Magic Ice betreibt an derzeit vier Locations **ganzjährige Eisskulpturen-Ausstellungen.** Es werden immer lokale Themen aufgegriffen, weshalb

„Eisige" Fischer in der Ausstellung Magic Ice

021lo-ms

in Svolvær vor allem das Leben auf und mit dem Meer im Vordergrund steht. Um die durchaus gelungenen gefrorenen Darstellungen in der gebotenen Intensität bewundern zu können, wird jedem Besucher ein **dicker Umhang** zur Verfügung gestellt. Im Eintrittspreis ist auch ein **Willkommensgetränk** an der **Eisbar** inklusive. Die Öffnungszeiten sind, ebenso wie einige Skulpturen, vor allem auf Passagiere der Hurtigruten zugeschnitten.

› Fiskergata 36, Tel. 76074011, www.magicice.no, geöffnet: Juni–Aug. tgl. 12–23, Sept.–Mai tgl. 14–22 Uhr, Eintritt: 300 nkr, es gibt Rabatte für Kinder und Familien

19 Svolvær-Kirche ★ [S. 144]

Eine *ildsjel* ist im Norwegischen jemand, der sich engagiert, also sich mit Feuereifer für eine Sache einsetzt. Viele solcher „Feuerseelen" gab es, als es darum ging, Svolvær in ökonomisch schweren Zeiten eine Kirche zu schenken. Am 25. April 1934 wurde der Wunsch schließlich Realität. Das von den Architekten Harald Sund und August Nielsen entworfene, weiß verputzte und an eine Burg erinnernde Bauwerk konnte eingeweiht werden. Gut aus allen Himmelsrichtungen sichtbar, überragt es, auf einem **kleinen Hügel** thronend, die Innenstadt. 450 Gläubige finden im Innenraum Platz.

Das **Kruzifix** ist eine von dem Bildhauer Andreas Nilsskog angefertigte Kopie des berühmten Mosvik-Kruzifixes aus dem 13. Jahrhundert. Die Glasmalereien schuf der renommierte G. A. Larsen aus Oslo. Ebenfalls aus der Hauptstadt stammt die Orgel. Bis in die 1990er-Jahre tat sie in der dortigen Fagerborg-Kirche ihren Dienst.

› **Svolvær kirke,** Kirkegata 2, Tel. 75420360, www.lofotkatedralen.no (unter „Kirker"/„Svolvær Kirke"), im Rahmen von Konzerten und Gottesdiensten geöffnet

20 Svinøya ★ [S. 144]

Inseln haben es in Zeiten des schnellen Transports nicht leicht. Oft liegen sie zu weit abseits des Weges, um wirtschaftlich und kulturell von Bedeutung zu sein. Noch vor hundert Jahren, als in Norwegen hauptsächlich der Bootsverkehr die Regionen verband und es kaum Straßen und erst recht keine Flugzeuge gab, war dies anders. Es verwundert daher nicht, dass die Siedlungsentwicklung von Svolvær auf einem Eiland begann, genauer gesagt auf der **„Schweineinsel" (Svinøya).** Sowohl der norwegische Name Svolvær als auch die samische Ortsbezeichnung, *Spållavuolle,* heißen übrigens übersetzt „Inseldorf".

Ausgangspunkt der wirtschaftlichen Entwicklung war im 18. Jh. eine **Handelsniederlassung.** Später folgten eine Bäckerei, eine Tonnenfabrik, eine Fischannahmestelle und eine Trankocherei. Bis 1760 gehörte Svinøya der Krone. 1828 erwarb Gunnar Berg die Insel vom Händler Lars Todal Walnum Berg, dem Vater eines anderen Gunnar Bergs, der für seine Lofoten-Malerei berühmt wurde und Ende des 19. Jh. auf Svinøya ein Atelier erwarb.

Svinøya ist heute über eine 359 Meter lange **Brücke** mit dem Festland verbunden und lässt sich über die **Vestfjordgata** vom Zentrum aus gut zu Fuß erreichen. Die Insel ist noch heute zum Teil in den Händen der Familie Berg, die hier unter anderem eine Rorbuanlage mit zum Teil historischen Stelzenhäusern betreibt. Zum

Gewerbe gehören auch das Restaurant **Børsen Spiseri** (s. S. 33), untergebracht in einem knapp 200 Jahre alten Gebäude einer ehemaligen Fischannahmestelle, die **Krambua,** ein ehemaliger Kaufmannsladen, der heute als Rezeption für Svinøya Rorbuer (s. S. 33) und kleines Museum dient, und die **Galerie Gunnar Berg** (21). Neben Lagerhallen, Trockengestellen für Fisch und kleinen Hafenanlagen mit Freizeitbooten gibt es auch Ateliers für Maler, farbenfrohe, **idyllische Wohnviertel** und komfortable Rorbuer für Touristen aus aller Welt.

Lohnend ist ein **Abstecher** über den Gunnar Bergs vei auf die nahe gelegene **Insel Gunnarholmen.** Der schmale Weg führt vorbei an zahlreichen Stellen mit Panoramablick auf den Ort und die Weite des Meeres geradewegs auf ein kleines Gewerbegebiet zu. Betreten werden darf dieses nicht, man kann es aber linker Hand umrunden und gelangt so in das sogenannte **Kuba.** Die Anhöhe mit dem karibischen Namen ist ein beliebtes Freizeitareal. Momentan sind hier Trockengestelle für Fisch, Bänke und eine Bunkeranlage aus dem Zweiten Weltkrieg zu finden. Folgt man dem Weg weiter, gelangt man zur **„Fiskerkona“** („Fischerfrau“), einer **Skulptur** von Per Ung, die von ihrem Sockel auf der Mole die einlaufenden Boote begrüßt. Svinøya ist Austragungsort des sommerlichen Musikfestivals **Høllafæst** (s. S. 104).

(21) Galerie Gunnar Berg ★★ [S. 144]

Wäre es nach seinem Vater Lars Todal Walnum Berg gegangen, so wäre **Gunnar Berg** (1863–1893) Kaufmann geworden. Glücklicherweise erkannten die im 19. Jh. schon landesweit berühmten Maler Adelsteen Normann und Ludvig Munthe seine große Begabung und konnten in der Familie ihren Einfluss geltend machen, sodass Gunnar Berg eine künstlerische Laufbahn einschlagen konnte. Er gilt heute als **einer der ersten Impressionisten Norwegens.** Seine Bilder vermochten es, die Lofoten in Deutschland, wo er sich längere Zeit aufhielt und auch starb, bekannt zu machen.

In der gegenüber der Brücke nach Svinøya (20) gelegenen **Galerie** sind einige seiner wichtigsten Werke ausgestellt, unter anderem „Die Schlacht am Trollfjord“. Der Künstler ist auf der nach ihm benannten Insel **Gunnarholmen** begraben. Gunnar Bergs

> „Die Schlacht im Trollfjord“ von Gunnar Berg (Ausschnitt)

mit elterlicher Unterstützung in den 1880er-Jahren erbautes Atelier, das **Tårnhuset (Turmhaus)**, ist auf Svinøya ebenso erhalten wie sein **Elternhaus.**

› **Galleri Gunnar Berg,** Gunnar Bergs vei 2, Tel. 76069930, www.svinoya.no, geöffnet: Mitte Juni–Mitte Aug. tgl. 12–15 Uhr, sonst auf Nachfrage, Eintritt: 70 nkr

Natur und Strand

Da Svolvær im Norden von **hohen Bergen** umgeben ist, ist die **Mitternachtssonne** (s. S. 113) vor Ort nicht zu erleben. Es empfehlen sich Ausflüge zur Insel Gimsøya und nach Laukvik (24). Bei starkem **Nordlicht** sind die Inseln Svinøya (20) und Gunnarholmen perfekte Beobachtungs- und Fotopunkte. Etwas dunkler wird es, wenn man der Ausschilderung zum **Naherholungsgebiet Kongsmarka** [K5] folgt. Hier gibt es einen Lift und Loipen. Svolværs kleiner **Strand** befindet sich rund 500 Meter vor dem Tunnel am östlichen Ortseingang.

Von Svolvær aus starten **Touren in den Trollfjord** (23); Anbieter sind im Folgenden Abschnitt genannt (auch **Seeadlersafaris**).

Infos und Reisetipps

■ **Svolvær Turistinformasjon** <032> Torget 18, Tel. 76070575, https://visitlofoten.com/turistinformasjon, geöffnet: 29. Mai–2. Juli Mo–Fr 9–16.30, Sa, So 10–16.30 Uhr, 3. Juli–6. Aug. tgl. 9–18 Uhr, 7. Aug.–24. Sept. tgl. 9–16.30 Uhr, 25. Sept.–28. Mai Mo–Fr 10–15.30, Sa 10–14 Uhr

› **Bus:** Der Fernbus 300 hält an der E 10 westlich des Zentrums.

■ **Lofoten Charterbåt** <033> Torget, Tel. 91617941, www.lofotencharterbat.no. Trollfjordfahrten, Walsafaris, Angelausflüge.

■ **Lofoten Explorer** <034> Johan E. Paulsens gate 12, Tel. 97152248, www.lofoten-explorer.no. RIB-Boot- und Fotosafaris in den Trollfjord.

■ **RIB-Lofoten** <035> Fiskergata 23, Tel. 90416440, www.rib-lofoten.com, RIB-Boot- und Seeadlersafaris in den Raftsund und den Trollfjord.

■ **XXLofoten** <036> Johan E. Paulsens gate 9, an der Hafenpromenade, Tel. 91655500, www.xxlofoten.no, Bootsausflüge, RIB- und Kajaktouren, zudem Seeadlersafaris und Nordlichttouren. Mit Fahrradverleih.

› **Fahrradverleih:** XXLofoten (s. oben) und Lofoten Rorbuer (Räder ab 250 nkr/Tag, s. unten)

Unterkünfte

■ **Anker Brygge** €€€ <037> Lamholmen 1, Tel. 76066480, https://anker-brygge.no. Gemütliche, stilvoll eingerichtete Rorbuer auf der Insel Lamholmen inmitten der Stadt. Nicht ganz günstig, aber bei dieser tollen Lage angemessene Preise. Mit Restaurant Kjøkkenet (s. S. 33).

› **As Lofoten Feriesenter** € <038> Leirskoleveien, an der E 10 ausgeschildert, Tel. 76072164, https://lofoten-feriesenter.no. Campingplatz mit älteren, zweckmäßigen Finnhütten an einem See nordwestlich von Svolvær.

■ **Fast Hotel Lofoten** € <039> Sjøgata 2, Tel. 94894806, www.fasthotels.no/nb/svolvaer. Etwas klobiges Haus im Stadtzentrum mit zeitgemäßen Zimmern. Gute Preise, keine Rezeption.

› **Hammerstadsgate Camping** € <040> Austnesfjordveien 720, an der E 10 nordöstlich von Svolvær, https://hammerstadcamping.no. Empfehlenswerter, sauberer Platz am Wasser unweit des Flugplatzes. 11 gute, zum Teil günstige Hütten. Ideal für Wohnmobile.

■ **Lofoten Rorbuer** €€ <041> Jektveien 10, Tel. 91595450, www.lofoten-rorbuer.

no. Angenehme, gemütlich eingerichtete Rorbu-Suiten am Gästehafen nördlich des Ortskerns. Mit Fahrradverleih.

- **Nordis Apartments** €€-€€€ <042> Torget 21, Tel. 47670100, www.nordisapartments.no, Architektonisch gelungenes, schmuckes Hotel direkt am Markt. Nicht günstig, aber top.
- **Rorbuanlegget Svolvær** €€€€ <043> Vesterøyveien 52, Tel. 94894806, www.svolvaerhavn.no/nb. Am Ende der Insel Svinøya gelegene Komfortanlage mit erstklassigen Rorbuern.
- **Scandic Svolvær** €€-€€€ <044> Lamholmen, Tel. 76072222. Hotelanlage auf der Insel Lamholmen. Die Zimmer sind schlicht, aber ordentlich und bieten Meerblick.
- **Svinøya Rorbuer** €€€€ <045> Gunnar Bergs vei 2, Tel. 76069930, www.svinoya.no. Traditionsreiche Komfortanlage auf einer Insel mitten in Svolvær. Sehr empfehlenswerte, wenngleich alles andere als preiswerte Unterkunft. 33 Rorbuer unterschiedlicher Größe mit Küche, Bad und 1 bis 3 Schlafzimmern. 12 moderne, komfortable Rorbu-Suiten für 6 bis 8 Gäste. Zudem können zwei (recht teure) Ferienhäuser angemietet werden. Schwimmende Sauna.
- **Thon Hotel Lofoten** €€€ <046> Torget, Tel. 76049000, www.thonhotels.no. Moderner Hotelbau direkt am Markt mit herrlicher Sicht auf den Hafen. Hervorragend ausgestatte, zeitgemäß gestaltete Zimmer. Mit angeschlossenem Restaurant Paleo Arctic (s. rechts).

Essen und Trinken

- **Bacalao** €€€ <047> Havnepromenaden 2, Tel. 76079400, www.bacalaobar.no, geöffnet: Mo–Do 10.30–1, Fr, Sa 10.30–2.30, So 12–24 Uhr. Restaurant, Bar und kleines Kulturhaus. Schwerpunkt: Fisch und Tapas.
- › **BReNT** €, im Sentrumsgården Svolvær (s. S. 34), Tel. 41355538, www.facebook.com/brentkaffe, geöffnet: Mo–Fr 10–19, Sa 10–16 Uhr. Kaffeerösterei im Einkaufszentrum mit hochwertigem Kaffeeangebot.
- **Børsen Spiseri** €€€ <048> Gunnar Bergs vei 2, Tel. 76069930, www.svinoya.no (unter „Restaurant"), geöffnet: tgl. 18–22 Uhr. Zweifellos eines der besten Restaurants Nordnorwegens. Im urigen, maritimen Ambiente eines alten Holzhauses genießt man lokale Spezialitäten wie Stockfisch.
- **Fellini Restaurant** €€ <049> Vestfjordgata 8, Tel. 76077760, www.fellinisvolvar.no. Die hier servierten Pizzen haben eine gute Qualität und verträgliche Preise.
- › **Kjøkkenet** €€€, im Anker Brygge (s. S. 32), https://anker-brygge.no/restaurant-kjokkenet, geöffnet: Mo–Sa 16–23 Uhr. „Die Küche" ist ein stilvolles Restaurant mit Vintage-Küchengeräten und hervorragend zubereiteten Kompositionen.
- **Kringla Bakeri** € <050> Torget 21, Tel. 76070309, www.kringlaas.no, geöffnet: Mo–Fr 8–16, Sa 8–17 Uhr. Empfehlenswerte Bäckerei mit Café am Markt. Kleine, günstige Mittagsgerichte.
- **Nordis Restaurant** €€-€€€ <051> Torget 15, Tel. 76070975, www.nordisrestaurant.no/svolvar, geöffnet: tgl. 10/11–21/22 Uhr. Cooles Restaurant mit variantenreicher Speisekarte und reizvoller Hafensicht.
- › **Paleo Arctic** €-€€€€, im Thon Hotel Lofoten (siehe links), https://paleoarctic.no, geöffnet: Mo–Sa meist 6.30–22, So 7–11 Uhr. Typisch norwegische Speisen werden hier mit Fantasie und Kreativität aufgepeppt. Es gibt einen preiswerten Mittagstisch.
- **Sakura lofoten** €€€ <052> O. J. Kaarbøs gate 2, Tel. 90961051, www.sakuralofoten.no, geöffnet: Di–Sa 12–21, So ab 15 Uhr. Erstklassiges Sushi-Restaurant, viele Lachsvariationen.
- **Svolvær Restaurant** €€ <053> Vestfjordgata 1, Tel. 97323566, www.svol

vaer-restaurant.com, geöffnet: tgl. 13–22.30 Uhr. Schlicht gehaltenes, ansprechendes Restaurant mit solider Küche. Auf der Karte stehen Klassiker wie Pizza und Steaks.

Einkaufen

- **Alti Svolvær** <054> Lofotgata 33, https://alti.no/svolvar, geöffnet: Mo–Fr 10–19, Sa 10–18 Uhr. Großes Einkaufszentrum am Rande des Zentrums, unweit der E 10. Bekleidung, Sportartikel, z. B. Stormberg, Vinmonopolet (Alkoholladen), Apotheke, Bücher.
- **Sentrumsgården Svolvær** <055> Sivert nilsens gate 26, geöffnet: Mo–Fr 10–19, Sa 10–16 Uhr. Kleines Einkaufszentrum in der Innenstadt.
- **Skandinavisk Høyfjellsutstyr** <056> Håkon Kyllingmarks gate 3, geöffnet: Mo–Mi, Fr 9–17, Do 9–19, Sa 10–15 Uhr. Hervorragender Outdoorladen mit vielen norwegischen Marken.

Nachtleben

- **Styrhuset** <057> Fiskergata, geöffnet: Mo–Do 18–1, Fr, Sa 15–2.30, So 17–1 Uhr. Pub und Bierbar mit Pizzakarte.

22 Skrova ★ [L6]

Skrova ist die letzte Inselgruppe einer Kette von Eilanden, die den Beginn des Raftsunds 12 vom mächtigen **Vestfjord** abschirmen. Rund 200 Menschen wohnen im Hauptort, der sich um einen windgeschützten **Naturhafen** auf der rund 4 km² großen Hauptinsel gruppiert. Da Skrova inmitten bedeutender Fischgründe liegt, war es lange Zeit eines der **Zentren des Lofotenfisch- und Walfangs.** Diese marktbeherrschende Position hat die Insel angesichts großer Trawlerflotten an Svolvær 13 verloren.

Skrova ist perfekt für **Naturliebhaber,** die Erlebnisse abseits der touristischen Hauptrouten suchen. Am Ostende des Ortes zweigen vom Kuholmveien Wege durchs Tal zu **Sandstränden** am jenseitigen Inselufer und hinauf auf die höchste Erhebung, den 281 Meter hohen **Storskrova,** ab.

Unterkünfte auf Skrova wie Skrova Rorbuer/Lofotfiske (s. unten) können über einschlägige Übernachtungsportale gebucht werden.

Infos und Reisetipps

- **Fähre:** 3–4-mal täglich von Svolvær 13 nach Skrova, Infos: www.torghatten-nord.no, Tel. 99283240

Unterkunft

- **Skrova Rorbuer/Lofotfiske** €€ <058> Tel. 97549777, www.lofotfiske.net. Gemütliche Zimmer in einem gelben Seehaus. Ideal für Angler.

Essen und Trinken

- **Skrovabrygga** €€ <059> Uraveien 23, Tel. 45198654, www.skrovabrygga.no, geöffnet: meist tgl. 11–22 Uhr. Fischrestaurant am Wasser mit guten Speisen und behaglicher Atmosphäre.

Einkaufen

- **Skrova's Kjøtt- og Pølsehytte** <060> Uraveien 48, variable Öffnungszeiten. Auf der Suche nach erstklassigen Wurstwaren nach deutschen Rezepten wird man auf Skrova fündig.

23 Trollfjord ★★★ [N3]

Der spektakuläre, rund drei Kilometer lange und an seiner schmalsten Stelle nur etwa 70 Meter breite Trollfjord ist ein Seitenarm des Raftsunds und unbestritten eine einmalige Naturattraktion.

Bis zu 1000 Meter hohe, steil abfallende **Felswände** überragen das Gewässer, in das auch die Schiffe der

Hurtigruten (s. S. 119) einfahren. Es gibt zahlreiche **Touranbieter**, die Ausflüge in den Trollfjord anbieten, viele sind in Svolvær 13 ansässig (s. unter Infos und Reisetipps S. 32).

Norwegenweit bekannt wurde der Meereswasserarm durch die **Schlacht im Trollfjord**, einen Konflikt, der sich 1890 zutrug. Das 19. Jh. stellte für den **Fischfang** (s. S. 92) auf den Lofoten eine Zeitenwende dar. Die zunehmende **Industrialisierung** führte dazu, dass immer größere, meist dampfbetriebene Boote zum Einsatz kamen, die sich in der Hand finanzkräftiger Konzerne befanden. Auf der Strecke blieben kleine Familienunternehmen, die sich noch immer mühevoll mit Ruderbooten gegen die Wellen stemmten, um genug Fisch für ihren bescheidenen Lebensunterhalt an Bord zu hieven. Der 5. und der 6. März 1890 stellten einen Höhepunkt des Kampfes der kleinen Fischer gegen die Dampfbooteigner, gewissermaßen von **David gegen Goliath**, dar. Seinerzeit versperrte Eis den Zugang zum Trollfjord. Die Fischer baten die Dampfbooteigentümer, dieses aufzubrechen. Dies geschah, der Meeresarm wurde jedoch im Gegenzug mit Schleppnetzen blockiert, woraufhin von den Lofoten-Fischern eine Art Eintrittsgebühr verlangt wurde. Am 6. März widersetzten sich 5000 Fischer in einer gemeinsamen Aktion dieser Forderung, die sie als Verletzung des allgemein gültigen **Jedermannsrechts** (s. S. 130) ansahen. Es kam zu Handgreiflichkeiten und einige Dampfboote wurden geentert. Die Handlungen führten im Nachgang zu Gesetzesänderungen, die unter anderem ein Verbot von Schleppnetzen während des großen Lofotenfischfangs zwischen Januar und April vorsahen.

024lo ©maylat, stock.adobe.com

Die Schlacht im Trollfjord ist auf einem **Gemälde Gunnar Bergs** eindrucksvoll und großformatig dargestellt. Ausgestellt ist es in der Galerie Gunnar Berg 21 in Svolvær. In literarischer Form wurden die Ereignisse in **Johan Bojers** spannendem Buch **„Die Lofotfischer“** (**„Der letzte Wiking“**) verarbeitet, das antiquarisch erworben werden kann.

Berauschend: Wasserfall im Trollfjord

24 Laukvik ★ [K2]

Die Straße Fv 888 führt von der E 10 quer durch den Norden der Insel Austvågøya. Die Berge weichen zugunsten von **Ebenen** und **Mooren.** Die Landschaft ermöglicht einen **spektakulären Rundblick** über die Weiten des nördlichen Atlantiks. Besonders gut lässt sich hier zwischen dem 28. Mai und dem 14. Juli die **Mitternachtssonne** (s. S. 113) beobachten. Einen guten Zugang zum Meer hat man an der Mole im 450-Einwohner-Ort **Laukvik,** der neben dem **Fähranleger Fiskebøl** [M2] wichtigsten Siedlung der Region. Sehenswert ist der 1880 erbaute Hof **Stangerholmen,** der vom Künstler Henning Welford ausgeschmückt wurde.

Landschaftlich interessant sind die ausgedehnten Sandbänke des **Grunnførfjords** [K2], den die Fv 888 auf einem **Damm** überquert. Den hohen Lofotenbergen ganz nah kommt man bei der Umrundung des **Morfjords** [L2]. Hier und in der Nähe von **Grunnfør** sind aufgrund der wenigen Lichtquellen gute Beobachtungsstellen für das **Nordlicht** (s. S. 114).

25 Polarlightcenter ★★ [K2]

Im **Polarlichtzentrum** in Laukvik teilen Rob und Therese aus Holland ihre Begeisterung für die flackernden Lichter am Firmament. Es werden **Vorträge** und **Fotokurse** veranstaltet. Im Instrumentenzimmer wird die Funktionsweise verschiedener Messgeräte erläutert. Gästen steht ferner ein **Apartment** zur Übernachtung zur Verfügung.

› Midnattsolveien 1706, Straumnes, Tel. 9112466, https://polarlightcenter.com, Kurse/Vorträge ab 400 nkr

Natur und Strände

An der Küste erstreckt sich das **Naturreservat Laukvikøyene.** Unter Schutz stehen Inseln, Moore und Seevogel-Brutgebiete.

Zwei Kilometer östlich des Abzweiges nach Laukvik, an der Mündung des **Grunnførfjords,** bestehen in **Delp** Zugänge zu den **Stein- und Sandstränden** der Küste.

Ausgedehnter Sandstrand am Grunnførfjord [K2]

025lo-ms

Infos und Reisetipps

- **Bus:** Bus Linie 18-733 verkehrt von Svolvær (13) über Laukvik nach Fiskebøl [M2], allerdings nur sehr selten.

Unterkünfte

- **Laukvik Cabins** € <061> Laukvik, Tel. 90192740, www.laukvikcabins.no. Typisch norwegische Zimmer in einem blauen Haus direkt am Wasser. Ideal für Angler.
- **Laukvik Rorbuer** € <062> Laukvik, Tel. 91307517, www.laukvikrorbuer.no/accomodation. Hübsche, geschmackvoll restaurierte Rorbuer zu einem guten Preis.
- **Polarlightcenter** (25) €. Besuchern stehen einfache Zimmer zur Verfügung.
- **Sandsletta Camping** € <063> Midnattsolveien 993, Tel. 90915230, https://camping-lofoten.no. Einfacher, aber malerisch gelegener und ruhiger Campingplatz mit Hütten und Sauna, der auch über ein zugehöriges Restaurant verfügt.
- **Viva Lofoten** €€ <064> Laukvikveien, Straumnes, Tel. 9924887, www.vivalofoten.net. Ein Ort zum Abschalten und Zur-Ruhe-Kommen. Man hat einen großartigen Ausblick über das Wasser. Angeschlossen ist ein Atelier.

Essen und Trinken

- **Keans Beans** € <065> Laukvikveien 3, Tel. 48612535, https://keansbeans.no, geöffnet: Mi–So 9–17 Uhr. Kleine, gemütliche Kaffeerösterei mit Biokaffee.

(26) Kabelvåg ★★ [K5]

Beschaulich und still wirkt Kabelvåg, das **einstige Vågar** (und spätere Vågan), auf den Besucher. Auf der **E 10** ist man an der 1800 Einwohner zählenden Siedlung unversehens vorbeigerauscht und wer abbiegt, ist schnell an dem kleinen Marktplatz mit Supermarkt und Café angelangt. Kaum zu glauben, dass Kabelvåg einst das war, was man im Norwegischen ein *kraftsentrum* nennt, also ein Ort, der eine nahezu magische Anziehungskraft besitzt.

Der Aufstieg begann im Jahre 999, als **König Olav I. Tryggvason** den lokalen **Wikingerhäuptling Tore Hjort** ins Jenseits beförderte und anschließend das günstig, weil windgeschützt gelegene Gebiet zu einem **Zentrum des Lofotenfischfangs** (s. S. 92) werden ließ. Den aufstrebenden Ort schlicht *Vågar,* also „Buchten“, zu nennen, mag einfallslos erscheinen, zeugt aber von seiner Bedeutung. Inmitten der sturmumtosten Lofoten, in unmittelbarer Nähe zu den großen Kabeljauschwärmen, einen sicheren Hafen gefunden zu haben, war ein unschätzbarer Glücksfall.

In den folgenden Jahrhunderten wurde Vågar zu einer Art Marke wie heutzutage H&M oder Ikea: *Vågaflåten* nannte sich die Flotte, mit der es hinaus zum großen Fang ging. Den Namen *Vågastemne* trug die jährlich abgehaltene Versammlung, auf der sich Kaufleute aus allen Teilen des Landes und Vertreter des Königs trafen, um Waren auszutauschen, die sie mit dem *Vågasølv* (Vågasilber) bezahlten, und nach dem Gesetzbuch *Vågaboka* Gericht zu halten. Heimkehrende Fischer hatten nicht selten das *Vågablom* im Gepäck, ein Geschenk für die Angehörigen.

In **Snorris Heimskringla** ist überliefert, dass **König Øystein Magnusson** (1088–1123) Vågar im 12. Jh. zum **Kirchensitz** erhob, indem er ein erstes Gotteshaus erbauen ließ. Es stand später Pate für den heutigen Ortsnamen, der mit **„Kapellenbucht“** übersetzt werden kann. 1391 veranlasste Erzbischof Eiliv, dass dem *Vå-*

gastemne – neben Handel und Gericht – ein dritter, kirchlicher Teil hinzuzufügen sei und bei dem Treffen nun auch geistliche Themen zur Sprache kommen sollten.

Nachdem der **Schwarze Tod** im 16. Jh. nahezu die gesamte Bevölkerung ausgerottet hatte, erlebte Kabelvåg im 19. Jh. eine letzte Blütezeit. Das Ortszentrum verlagerte sich von der „Großen Bucht" (Storvågan) in Richtung Osten. In der inoffiziellen Hauptstadt der Lofoten hatten Polizei, Richter, Pfarrer, die Post und die Bank ihren Sitz.

Es gab zahlreiche Läden und 1895 berichteten nicht weniger als drei Zeitungen von allen möglichen und unmöglichen Begebenheiten. Mit der zunehmenden **Motorisierung der Fischfangflotte** geriet der einstige Vorteil zum Nachteil. Die Buchten waren für die Trawler zu eng geworden. Die Wirtschaft wanderte in das benachbarte, deutlich besser erreichbare Svolvær 13 ab. Und während Svolvær nach wie vor wächst und boomt, bleibt Kabelvåg derzeit wohl nur übrig, sich an die ruhmreiche Vergangenheit zu erinnern und sich als **Kultur- und Bildungszentrum** einen Namen zu machen.

Die roten Stelzenhäuser des Nyvågar Rorbuhotels (s. S. 43) in Kabelvåg 26

Nachdem bei Bränden 1991 und 1992 einige Häuser abbrannten, ist von der alten Bausubstanz nur noch wenig erhalten. Einen recht angenehmen Eindruck hinterlässt der Ort trotz allem, speziell der Bereich rund um den sanierten **Markt** am Hafenbecken. Südwestlich des Marktes, oberhalb der Straßen Doktorbakken und Kongsstien, steht die 1935 eingeweihte **König-Øystein-Statue.** Sie erinnert an den bereits erwähnten Øystein Magnusson. 2008 wurde die Statue blau und braun angemalt, angeblich, um dem tristen Monument etwas Farbe zu verleihen. Bemerkenswert ist, dass eine Reinigung erst sieben Jahre später erfolgte. Zur Statue und weiter zu den Museen führt ab dem Marktplatz ein **Kulturwanderweg (kultursti).**

Den **besten Blick** auf den fotogenen **Berg Vågakallen** (s. S. 42) hat man von der Straße nach Ørsvågvær aus (an der E 10 ausgeschildert).

Ein (Schotter-)Weg in die Dunkelheit für die Beobachtung des **Nordlichts** (s. S. 114) im Winterhalbjahr führt von der E 10 nach Norden zum Kabelvåg Feriehus und weiter zum Skytebane (Schießplatz).

27 Vågan-Kirche ★★ [K5]

An der **Kjerkvågen (Kirchenbucht)**, am nordöstlichen Ortsrand von Kabelvåg, konkurriert das hohe Gebäude der Vågan-Kirche mit den Gipfeln der Umgebung, gut sichtbar über eine weite Wegstrecke vom Land und vom Wasser aus.

Mit dem erneuten Aufleben des Lofotenfischfangs in Kabelvåg im 19. Jh. wurde deutlich, dass es im Ort eines angemessenen Gotteshauses bedurfte. Stolze 5000 Einwohner zählte Kabelvåg seinerzeit, was per Gesetz nach einer Kirche mit mindestens 1500 Sitzplätzen verlangte. Genehmigt wurden 300 weniger – aus damaliger Sicht eine Fehlentscheidung, denn allein zur Einweihung im Jahr 1898 drängten gut 3000 Menschen in den Innenraum. Ähnlich gut besucht wurde das Gebäude aber wohl nur noch einmal, und zwar anlässlich einer Priesterweihe 1929. Vom Zustrom während der Weihe völlig überrumpelt, sprach der damalige Bischof Berggrav von der „**Lofotenkathedrale**", ein Beiname, der sich bis heute erhalten und durchaus seine Berechtigung hat. Der Kirchenbau gilt als der größte in Holz ausgeführte nördlich von Trondheim.

Errichtet wurde das vom Architekten Carl Julius Bergstrøm entworfene Gebäude im **neogotischen Stil**, wobei an den Dachfirsten auch Elemente des in Norwegen sehr beliebten **Schweizerstils** zu finden sind. Im Innenraum findet sich Inventar eines Vorgängerbaus aus dem Jahr 1799 und weiterer mittlerweile abgerissener Kirchen Kabelvågs wieder. So stammen die Kronleuchter und die Altarlichter aus dem 17. Jh. Das Schiffsmodell wurde 1850 gefertigt, die Orgel 1898 anlässlich der Einweihung eingebaut. Ebenfalls auf das 19. Jh. können die Glocken und die von **Fredrik Nikolai (Fritz) Jensen** (1818–1870) gemalte **Altartafel** datiert werden. Die ältesten Inventarstücke sind eine in Kopenhagen gedruckte Bibel von 1589 und ein Bild von 1544, das Teil der Porträtsammlung im Haupt- und Querschiff ist.

Unweit des Gebäudes, direkt an der Straßenkreuzung, steht ein **Findling**, der sogenannte **Trollstein**. Auf ihm sind ein Kreuz unbekannter Herkunft und mehrere Kratzer zu sehen, um die sich verschiedene Sagen ranken. Eine besagt, dass der Teufel

Hans Egede

Als der in Harstad auf den Vesterålen geborene Hans Egede (1686–1758) am 25. Juni 1707 als Kaplan nach Vågan, das heutige Kabelvåg 26, versetzt wurde, ergab sich ein Problem. Normalerweise war es Pflicht und Tradition, die Witwe des Vorgängers zu ehelichen, um so ihr finanzielles Überleben zu sichern. Egede hatte jedoch nur Wochen zuvor die 13 Jahre ältere Gjertrud Nielsdatter Rasch geheiratet. Gemeindepfarrer Jacob Parelius zeigte sich darüber nicht gerade erfreut und hatte auch sonst seine liebe Müh mit dem selbstbewussten Geistlichen. Ein jahrelang andauernder Streit über Zuständigkeiten führte 1718 zum Wegzug Egedes und dessen Übersiedlung nach Grönland drei Jahre später. Auf der Insel vermutete er vom Glauben abgefallene Wikinger, traf jedoch ausschließlich auf Inuit. Er gründete die Stadt Godthåb („Gute Hoffnung"), das heutige Nuuk, und bekehrte die Einheimischen zum evangelischen Glauben. Er ging als der „Apostel der Grönländer" in die Geschichte ein.

027lo-ms

persönlich den Felsklotz vom 1,8 km entfernten Berg Tjeldbergtinden in Richtung der ersten Kirche im Ort geworfen habe. Er verfehlte sie, obwohl er den Stein so stark fortschleuderte, dass noch immer der Abdruck seiner Hände zu sehen sein soll. Historiker vermuten, dass sich der Stein ursprünglich an einem Opferplatz der Seesamen befand.

› **Vågan kirke,** Tel. 76067190, www.lofotkatedralen.no/index.php/kirker/vagankirke, im Sommer tgl. geöffnet. Ein kleiner Obolus ist am Eingang zu entrichten.

28 Lofotenmuseum ★★ [K5]

Das Lofotenmuseum ist an der **Bucht Storvågen,** etwa einen Kilometer westlich des Ortes, zu finden. Hier wurde Kabelvåg unter dem Namen Vågar gegründet. Bis 1901 wurde von Storvågen aus Handel getrieben. Die Häuser beherbergten ab 1800 außerdem ein Gästehaus.

Die „Lofotenkathedrale" 27 macht ihrem Spitznamen alle Ehre

Nachdem die Anlage als Altersheim und zur Fischverarbeitung genutzt worden war, zog 1976 das interessante Lofotenmuseum ein. Zu sehen sind das stattliche, in noblem Weiß gehaltene **Haupthaus** aus dem Jahr 1815 und diverse rot getünchte **Nebengebäude und Rorbuer.**

Die **Geschichte der Lofotenfischerei,** das entbehrungsreiche Leben auf den Inseln und das traditionelle Handwerk werden in der Ausstellung sehr anschaulich dokumentiert. Geplant ist der Bau eines großen **Themenparks,** der den Namen **Skrei** tragen wird und 2026 fertig sein soll (siehe rechts).

› **Anfahrt/Zugang:** Das Museum ist an der E 10 ausgeschildert, aber auch vom Zentrum Kabelvågs aus problemlos zu Fuß erreichbar.

› **Lofotmuseet,** Storvåganveien 25, Tel. 76154000, www.museumnord.no/lofotmuseet, geöffnet: Juni–Aug. tgl. 10–18, ansonsten meist Di–Fr, So 11–15 Uhr (bitte auch Website konsultieren), Eintritt: 115 nkr, Studenten 95 nkr, Kinder (5–15 J.) 60 nkr

29 Lofoten-Aquarium ★★ [K5]

Groß ist das Aquarium zwar nicht, aber durchaus sehenswert. Die Becken werden von im Nordatlantik beheimateten Fischen bevölkert, unter anderem dem **Dorsch,** ferner sind im Außengelände **Otter** und **Robben** zu beobachten. Ein **Film** berichtet von der abwechslungsreichen Landschaft der Lofoten. Ausstellungen widmen sich der Aquakultur. Angeschlossen sind ein gut sortierter **Souvenirladen** und ein **Café.**

Das Aquarium ist am ehesten für **Familien** interessant. Es befindet sich in unmittelbarer Nähe zum Lofotenmuseum 28 und zur Galerie Espolin 30.

› **Lofotakvariet,** Storvåganveien 28, Tel. 76078665, www.museumnord.no/lofoten-aquarium, geöffnet: Juni–Aug. tgl. 10–18, ansonsten meist Di–Fr, So 11–15 Uhr, Eintritt: 145 nkr, erm. 125 nkr, Kinder 90 nkr, Familien 420 nkr

30 Galerie Espolin ★★ [K5]

Der **Dorsch** hat eine für die Lofotenfischer unangenehme Angewohnheit: Die Schwärme ziehen genau dann zur Inselgruppe, wenn das Wetter unbeständiger und furchteinflößender nicht sein könnte: im Frühjahr (s. S. 113). Entsprechend gefährlich und teils unmenschlich anstrengend war die Seefahrt noch vor wenigen Jahrzehnten, als die Boote in Relation zu den Wellen noch Nussschalen glichen. Der aus dem Süden des Landes stammende, aber im Norden aufgewachsene Künstler **Kaare Espolin Johnson** (1907–1994) schildert in seinen Bildern den harten, unerbittlichen Kampf der Lofotenfischer mit den Elementen. In einem Interview gab er zu Protokoll, dass ihm die Illustrationen zu **Johan Bojers Buch „Den siste viking“** (dt. Ausgabe: „Die Lofotfischer“/„Der letzte Wiking“) die größte Freude bereitet haben.

Für seine Bilder nutzte Espolin eine **spezielle Mischtechnik.** Er entwickelte diese vermutlich 1925 während eines Stromausfalls in seinem Haus in Bodø 1. Da der Künstler kurzsichtig war, hielt er ein Stück Papier nahe an die Flamme einer Kerze. Der Ruß hinterließ einen warmen Braunton, aus dem Espolin durch Verwischen mit dem Finger eine Licht-Schatten-Struktur herausarbeitete, die später zu seinem Markenzeichen wurde. Den Ruß ersetzte er sukzessive durch schwarze Tusche. Die Farbe wurde mittels eines Rasiermessers verrieben. So kamen die ursprünglichen, hellen Papierstrukturen nach und nach wieder zum Vorschein. Auch das entgegengesetzte Prinzip kam zur Anwendung: Durch Abschaben einer weißen Deckschicht arbeitete sich Espolin zu einer schwarzen Grundierung durch.

› **Galleri Espolin,** Storvågansveien, Tel. 76078405, www.facebook.com/galleriespolin, geöffnet: Juni–Aug. tgl. 10–18, sonst meist Di–Fr, So 11–15 Uhr, Eintritt: 115 nkr, erm. 95 nkr, Kinder 60 nkr

Skrei-Ticket

Das Skrei-Ticket deckt **alle drei Museen** in Kabelvåg 26 ab: das **Lofotenmuseum** 28, das **Lofoten-Aquarium** 29 und die **Galerie Espolin** 30. Es kann in den drei Museen erworden werden.

› **Preise:** Erw. 275 nkr, Kinder 3–15 Jahre 130 nkr

Projekt Skrei

Lofotenmuseum 28, Lofoten-Aquarium 29 und Galerie Espolin 30 sollen bis 2026 erweitert und mit einem gemeinsamen Konzept unter dem Namen **Skrei** zusammengefasst werden. Zudem kommt ein weiteres Ausstellungszentrum namens **Otolitten** hinzu, in dem Dauerausstellungen zur Fischerei und verschiedene Wechselausstellungen zu sehen sein werden.

Infos und Reisetipps

› **Bus:** Der Fernbus 300 hält in Kabelvåg und an der E 10, Bus 18-743 fährt von und nach Svolvær 13 und Henningsvær 31.

› **Lofoten Aktiv** <066> Rødmyrveien 24, Tel. 76073000, www.lofoten-aktiv.no. Verleih von Kajaks und Wanderausstattung. Zur Wahl stehen Kajaktouren, (Schneeschuh-)Wanderungen und Nordlichtausflüge. Mit Ski- und Schneeschuhverleih.

- **Northern Alpine Guides** <067> Tore Hjorts gate 17, Tel. 94249110, www.alpine guides.no. Veranstalter für Kletter- und Wandertouren, Ski- und Segelausflüge sowie Fotosafaris.
- **Fahrradverleih:** bei Kabelvåg Feriehus & Camping (s. u.)

Unterkünfte

- **Kabelvåg Feriehus & Camping** €-€€€ <068> Mølnosveien 19, ca. 150 m östlich des Abzweigs nach Sandvika kleines Schild „Kabelvåg feriehus" beachten (Richtung Skytebane), Tel. 76078620, www.kabelvag.com/nb. Nicht am Wasser gelegen, trotzdem ein exzellenter, schön gestalteter Platz mit attraktiven Hütten zu teils recht zivilen Preisen. Fahrradverleih. Wanderwege in der Nähe.
- **Kalle i Lofoten** €€€ <069> Kalleveien 21 (von der E 10 abbiegen), westlich von Kabelvåg, Tel. 40072002, www.kalle.no. Hervorragende, komfortable Rorbuanlage mit Unterkünften verschiedener Größen westlich von Kabelvåg. Einziger Nachteil ist die frühe Schattenlage am Abend.
- **Lofoten Apartment** €€€-€€€€ <070> Hopsveien, Hopen (von der E 10 abbiegen), westlich von Kabelvåg, Tel. 92405254,

Vågakallen – ein Berg und seine Mythen

Zwischen Kabelvåg 26 und Henningsvær 31 erhebt sich der 943 Meter hohe Vågakallen [J5], einer der markantesten Berge der Lofoten, der von vielen Mythen umrankt ist. Seinen Namen soll er angeblich von einem Troll haben, der in der Morgendämmerung viel zu spät vom Fischen heimkam, am Ufer erwartete ihn bereits seine erboste Frau. Ganz auf den Streit konzentriert, erklommen die beiden den Berg und erstarrten bei Sonnenaufgang schlagartig zu Stein – ein Schicksal, das viele Riesen ereilte.

Der Hang, den die Eheleute im Streit hinaufstiegen, soll gemäß einer weiteren Sage vom Donnergott Thor erschaffen worden sein. Dieser wollte aus purer Neugier in Erfahrung bringen, wie viele Boote am Lofotenfischfang teilnahmen. Da es ihm nicht möglich war, das Ende der langen Reihe von Schiffen zu erblicken, schichtete er immer mehr Steine auf und stieg immer höher. Erst als er schon ein gewaltiges Gebirge erschaffen hatte, konnte er endlich weit draußen auf dem Meer den letzten Skipper entdecken.

Andere Erzählungen berichten davon, dass der Vågakallen nicht nur ein imposanter Fels ist, vor dem nach alter Tradition die im Norwegischen „førstereisgutt" („Erstreisejunge") genannten Schiffsjungen die Mütze zu ziehen hatten. Vielmehr soll es sich eigentlich um einen eitlen Trollkönig handeln, der mit dem Suliskongen (1908 m) so manchen Streit über die Vorherrschaft im Lande ausgetragen und der so mancher Trollfrau den Kopf verdreht haben soll. Allein Lekamøya (124 m) konnte er mit seinem Werben nicht beeindrucken.

Wer nun auf eine Bewegung im angeblich lebendigen Berg wartet, dem geht es so wie dem Liedermacher Jack Berntsen (1940–2010), der einst dichtete: „Hallo du gamle Vågakall – Her går eg nu og søng en trall – og søng om tida før og nu – men du sei ingentingen du." Sinngemäß lässt sich dieser Reim folgendermaßen übersetzen: „Hallo du alter Vågakall – Hier geh ich nun und sing ein Lied – ein Lied über die Zeit einst und jetzt – aber du, du sagst nichts."

www.lofotenapartments.no. Geschmackvoll eingerichtete Komfortapartments mit Blick auf hohe Berge.

- **Nyvågar Rorbuhotel** €€€€ <071> Storvåganveien 26, nahe dem Aquarium, Tel. 76069700, https://classicnorway.no. Exzellente, familienfreundliche Anlage in bester Lage. Sehr hohe Preise. Angeschlossen ist ein uriges, in maritimem Stil eingerichtetes Restaurant.
- **Sandvika Camping** €-€€ <072> Ørsvågveien 45, von E 10 nach Sandvika, Tel. 76078145, www.lofotferie.no. Reizvoll gelegener Campingplatz in einem kleinen Tal am Wasser. Auch Hütten werden preisgünstig vermietet.
- **Skarungen** € <073> Ørsvågveien 40, Tel. 90141978, www.skaarungen.no. Neu gestalteter Platz mit modernen Hütten und Rorbuern, Hotelzimmern, Glamping und Platz für Zelte.

Essen und Trinken

- **Brygga Restaurant** €€ <074> Torget 9, Tel. 76078060, www.bryggalofoten.net, geöffnet: Di–So 15–22 Uhr, Küche 17–21 Uhr. Kneipe und Restaurant am Markt, direkt am Meer gelegen. Rustikale, gemütliche Atmosphäre und zivile Preise.

31 Henningsvær ★★★ [J6]

Henningsvær ist zweifellos einer der fotogensten Orte der Lofoten. Er lebt von seiner Mischung aus Felswänden und Schärenlandschaften, traditionellem Fischereiambiente und hippem Küstenleben.

Norwegen gilt zu Recht als das Land, in dem der moderne **Skilauf** erfunden wurde. Dessen Wiege liegt in der Telemark nahe der Hauptstadt Oslo, also dort, wo es zu Zeiten des Ski-Pioniers **Sondre Norheim** in den 1850er-Jahren schneesicher war. Wie überrascht müssen Archäologen wohl gewesen sein, als sie in einem Moor auf der zu Henningsvær gehörenden **Insel Sauøya** einen Ski entdeckten. Eine C14-Datierung (Radiokarbonmethode) bescheinigt diesem ein stolzes Alter von 2000 Jahren. Der **antike Ski** kann als Beweis dafür angesehen werden, dass auf den Lofoten nicht einzig und allein zur See gefahren wurde.

Wer heute in Henningsvær mit Skiern aufkreuzte, würde angesichts der geografischen und klimatischen Gegebenheiten an den meisten Tagen Verwunderung auslösen. Der Ort liegt inmitten des mächtigen, vom Golfstrom erwärmten **Vestfjords** und ist einer der wenigen des Landes ohne Loipen. Dafür beherbergt er einen der am schönsten gelegenen **Fußballplätze** der Welt (s. S. 45).

Das auf **acht Inseln** gelegene, mittlerweile jedoch durch kühn geschwungene Brücken 1983 landfest gewordene **„Venedig des Nordens"** wurde erst gegen Ende des 18. Jh. dauerhaft besiedelt. Grund waren, wie so oft in diesen Breiten, die guten Fischgründe. 1842 erwarb der Kaufmann Henrik Drejer den Ort Henningsvær für 6000 Speciedaler und machte ihn zu einer der **wichtigsten Fischereisiedlungen der Lofoten**.

Mit heute nur noch 510 Einwohnern im Vergleich zur doppelten Anzahl in den 1950er-Jahren hat Henningsvær eine solche Vormachtstellung nun nicht mehr inne. Der Fischfang ist jedoch, speziell während des Winters, nach wie vor ein wichtiger Bestandteil der lokalen Ökonomie, wenngleich der **Tourismus** aufgrund der äußerst **fotogenen Lage** der Siedlung mehr und mehr an Bedeutung gewinnt. **Cafés** und **Galerien** verleihen dem historischen Fischerdorf einen modernen, fast schon hippen Charme, den es zu

028lo-ms

erleben lohnt. Besonders eindrucksvoll ist die exponierte, abgeschiedene Lage am Saum des Salzwassers, die wohlwollend über einige Häuser hinwegsehen lässt, die noch eine Sanierung nötig hätten. Markante Punkte zwischen Wohngebäuden, Rorbuern und Werkstätten sind die auch „Kathedralen der Lofoten" genannten **Trockenfischgestelle** (s. S. 106).

Anfang Juni lohnt das **Musikfestival Codstock** einen Besuch (s. S. 104).

32 Galerie Lofoten ★★★ [J6]

Die äußerst sehenswerte Galerie umfasst eine große Sammlung von Bildern aus dem 19. und 20. Jh., die sich dem Thema Nordnorwegen widmen, und ist, so schreibt jedenfalls die Zeitung VG, „Nordnorwegens Antwort auf die Nationalgalerie".

In der **ersten** und **zweiten Etage** werden **Gemälde** des „Goldenen Zeitalters" (1880–1930) der Nationalromantik ausgestellt. Zu sehen sind unter anderem herausragende Werke der norwegenweit bekannten Maler Gunnar Berg (s. S. 31), Otto Sinding, Frants Diderik Bøe, Adelsteen Normann und Thorolf Holmboe. Die dominierenden Themen sind gewaltige Landschaften und der Fischfang. Die einst hier ausgestellten Bilder des Malers Karl Erik Harr wurden inzwischen nach Reine 68 verlegt, in die Galerie Eva Harr 69.

Fotografien und diverse lofotentypische **Ausstellungsgegenstände** wie Boote und Fangnetze schaffen eine einzigartige, authentische Atmosphäre. Zudem wird der **Film** „Das magische Inselreich" gezeigt. Angeschlossen ist ein **Restaurant.**

› **Galleri Lofoten,** Misværveien 18, direkt am Ortseingang, Tel. 91595083, www.galleri-lofoten.no, geöffnet: Mitte Mai–Mitte Aug. tgl. 11–19, ansonsten Mi–So 11–16 Uhr, Eintritt: 120 nkr, erm. 100 nkr, Kinder (10–16 J.) 60 nkr

⌃ *Der Hafen von Henningsvær 31 vor eindrucksvoller Bergkulisse*

33 Kavi Fac Ory ★★ [J6]

1924 begann Mathilde Bordewick mit der Produktion von Kaviar in Henningsvær. In den 1950er-Jahren bezog das Unternehmen einen modernen Betonkubus am Ortsrand. Nach dem Umzug des Unternehmens nach Svolvær 13 in den 1990er-Jahren übernahm die **Künstlerin Wenche Hoff** das Gebäude und gab ihm in Form einer **Galerie für moderne Kunst** neuen Inhalt. Die **Kaviar Factory** etablierte sich als Treffpunkt für Künstler aus dem ganzen Land. In **wechselnden, hochwertigen Ausstellungen** werden Werke unterschiedlicher Genres gezeigt.

› Henningsværveien 13, www.kaviarfac tory.com, Tel. 90734743, variierende Öffnungszeiten, siehe Website

34 Engelskmannbrygga ★★ [J6]

Mitten im Ort, direkt am Markt, befindet sich der „**Kai der Engländer**". Das Haus wurde 1903 von der international operierenden Firma Allen & Hanburys erbaut. Im Zuge einer Sabotageaktion im Zweiten Weltkrieg wurde die Anlage zerstört, später jedoch wiederaufgebaut. Seit 1997 gehört Engelskmannbrygga dem Fotografen und Journalisten John Stenersen. Das Haus beherbergt die **Ateliers** der Keramikerin Cecilie Haaland und der Glasbläser Mette Paalgard und Heidi B. Kristiansen. **Glaskunst, Keramik** und **fotografische Werke** können in der angeschlossenen **Galerie** käuflich erworben werden.

› Dreyersgate 1, Tel. 48129870, www.engelskmannsbrygga.no, geöffnet: Mitte Jan.–Anf. März Fr–So 11–16, Anf. März–Anf. Juni Mi–So 11–16, Anf. Juni–Mitte Aug. tgl. 10–21, Mitte Aug.–Mitte Sept. tgl. 11–18, Mitte Sept.–Mitte Dez. Mi–So 11–16 Uhr

35 Heimgårdsbrygga ★ [J6]

Die historische Fischannahmestelle aus dem 19. Jh. wurde zu einem kleinen **Museum** mit angeschlossener **Galerie** umgebaut. Es handelt sich um eine interessante Anlage, die einen Einblick in das Leben der Fischer vor 100 Jahren gewährt.

› Dreyersgate 71, Tel. 76071115, www.heimgardsbrygga.no, variierende Öffnungszeiten

Weitere Attraktionen

Noch vor wenigen Jahren kannten den **lokalen Fußballplatz** nur jene Einheimischen, die zu den regelmäßig stattfindenden Nachwuchsturnieren nach Henningsvær kamen. Nachdem Misha De-Stroyev mit seiner **Luftaufnahme** der Anlage im Ranking der Zeitschrift **National Geographic** den dritten Platz belegte, erhielt der äußerst pittoresk zwischen Felsen gelegene Platz im Südosten des Ortes enorm viel Aufmerksamkeit, zumindest von Touristen. Einen eigenen Fußballclub für Erwachsene besitzt Henningsvær dagegen noch immer nicht. Im örtlichen Verein sind nur eine Handvoll Jugendliche Mitglied, davon mehr Mädchen als Jungen. Zahlen, die durchaus versinnbildlichen, wer in dieser Sportart für Norwegen bislang die größeren Erfolge erzielen konnte: Die Damen waren bereits Welt- und Europameister, die Herren hingegen hadern meist schon mit der Qualifikation für die Turniere.

5,4 Kilometer nördlich des Abzweigs nach Henningsvær steht am **ehemaligen Fährkai** an der E 10 der 2,50 Meter hohe **Glasspiegel des Künstlers Dan Graham.** Er ist Teil des Projekts „Skulpturlandschaft Nordland" und ein beliebtes Fotomotiv, vor allem, wenn die tief stehende Sonne darin zu sehen ist.

Natur und Strand

Die relativ schmale Fv816 führt durch urtümliche, unbewohnte Landschaft direkt unterhalb gewaltiger Felsmassive zu den **Henningsværer Inseln. Parkbuchten** gibt es nur wenige: Einige sind am **Djupfjord**, andere direkt vor der ersten Brücke zu finden. Die beste Aussicht auf Henningsvær und die umliegenden Berge hat man vom Ende des Hafenbeckens aus.

Die **Mitternachtssonne** (s. S. 113) lässt sich in der Region am besten von Brenna [J3] aus erleben. Zu dem kleinen, an sich unspektakulären Ort zweigt von der E 10 unweit der Brücke nach Gimsøya eine 10 km lange Stichstraße nach Norden ab.

Direkt am Abzweig von der E 10 in Richtung Henningsvær liegt der kleine, idyllische **Strand Rørvikstranda** [J5]. Er ist einer der wenigen des Archipels, die in entsprechend warmen Sommern **vergleichsweise badefreundliche Temperaturen** (s. S. 94) aufweisen.

Mit der Erforschung der **Wale** und der Walkommunikation beschäftigt sich der in Henningsvær gegründete und mittlerweile in Bodø ansässige Verein **Ocean Sounds** (http://oceansounds.org).

Infos und Reisetipps

- **Bus:** Bus 18-743 verkehrt von und nach Kabelvåg 26.
- **Nordnorsk Klatreskole** <075> Misværveien 10, Tel. 90574208, www.nordnorskklatreskole.no. Etablierte, hervorragende Kletterschule mit vielen Tourangeboten. Im Winter Gipfeltouren, Freeski, Eisklettern und Lawinenkurse. Ausrüstungen für Sommer und Winter können geliehen werden. Außerdem gibt es das zugehörige Café Klatrekafeen (s. S. 47).

Unterkünfte

- **Finnholmen** €€ <076> Hellandsgata 85, Tel. 40050999, www.finnholmen.no. Bed and Breakfast mit modernisierten Zimmern in einem historischen Seehaus direkt am Wasser. Restaurant angeschlossen.
- **Fiskekrogen** €€€, Übernachtungsmöglichkeit beim gleichnamigen Restaurant (s. S. 47), Tel. 76074652, www.fiskekrogen.no. Komfortable, erst 2022 eröffnete Anlage. Moderne und historische Rorbuer.
- **Henningsvær Bryggehotel** €€-€€€ <077> Misværveien 18, Tel. 76074750, www.classicnorway.no/hotell/henningsvar-bryggehotell. Erstklassiges, charmantes Hotel direkt am Meer. Mit sehr gutem Restaurant.
- **Henningsvær Rorbuer** €€€ <078> Banhammeren 53, Tel. 76066000, www.henningsvar-rorbuer.no. Historische, stilvoll sanierte Rorbuer unterschiedlicher Größe zu recht stattlichen Preisen. Sauna und Badezuber.
- **Lofoten Arctic Hotel** €€ <079> Dreyers gate 8, Tel. 76070777. Hervorragend mitten im Zentrum gelegen. Ordentliche, renovierte Zimmer und umfangreiches Frühstück.
- **Lofoten Bobilcamping** € <080> nördlich von Henningsvær an der E 10 nach Gimsøya, Tel. 90113612, www.lofoten-bobilcamping.no. Ideale Wasserlage mit Sicht auf die Abendsonne. Es gibt Standardhütten zu fairen Preisen, auch Zelten ist möglich. Einfache Ausstattung.
- **Tobiasbrygga** €€€ <081> Hellandgata 11, Tel. 76303000, https://tobiasbrygga.com. Tolle Apartments mit reizvollem Hafenpanorama.
- **Trevarefabrikken** €€ <082> Dreyers gate 72, Tel. 40888464, www.trevarefabrikken.no. Stilvoll gestaltete Zimmer in einer früheren Holzfabrik. Sehr empfehlenswert. Mit Café (s. S. 47).

Essen und Trinken

- **Fiskekrogen** €-€€€ <083> Dreyers gate 29, Tel. 76074652, www.fiskekrogen.no, geöffnet: Mi, Do 17–21, Fr 13–22, Sa 12–22, So 12–20 Uhr. Empfehlenswertes Fischrestaurant mit günstigen Mittagsangeboten. Auch Übernachtungsmöglichkeiten (s. S. 46).
- **Henningsvær Lysstøperi & Café** € <084> Gammelveien 2, Tel. 76077040, www.henningsvarlys.no, geöffnet: Mo–Fr 10–17, Sa bis 23, So bis 21 Uhr. Hygge-Café mit erstklassigem Kuchen und köstlichen Zimtschnecken. Dazu kleine herzhafte Speisen. Mit Kerzengeschäft (s. u.).
- **Klatrekafeen** €, in der Kletterschule Nordnorsk Klatreskole (s. S. 46), Tel. 76072474, geöffnet: tgl. meist 12–20 Uhr. Angesagtes Café, ein Klassiker in Henningsvær. Ausgesprochen *hyggelig.*
- **Lofotmat** €€€ <085> Dreyers gate 54, Tel. 97717059, www.facebook.com/Lofotmat, geöffnet: meist 18–22 Uhr. Hervorragend verarbeitete und modern interpretierte regionale Spezialitäten. Eine echte Empfehlung!
- **Trevarefabrikken** € (s. S. 46), geöffnet: ab Mai Fr–So 18–24 Uhr. Retrocafé in alter Industriehalle. Günstiges, ausgezeichnetes Essen.

Einkaufen

- **Drops drømmer & damask** <086> Dreyers gate 9, geöffnet: Mo–Fr 11–16/17 Uhr. Süßes satt! Hier kann man z. B. leckere Bonbons erstehen.
- **Henningsvær Lysstøperi** (s. oben), geöffnet: tgl. 10–17 Uhr. Kerzengießerei mit angeschlossenem Café.
- **MIN** <087> Dreyers gate 52, www.facebook.com/minhenningsvaer, geöffnet: Mo–Fr 11–17 Uhr. Kindermode und Outdoorbekleidung.
- **Rokken Design** <088> Løktveien 2, geöffnet: meist Mo–Fr 10–17 Uhr. Modegeschäft, u. a. Bekleidung aus Alpakawolle.

Gimsøya

Der Eindruck, den viele Urlauber von **Gimsøya** [I/J3] haben, beschränkt sich zumeist auf vier Kilometer Straße (die E 10 streift die Insel an der Südküste), drei Fahrminuten und zwei Brücken, die über die **Gezeitenströme Gimsøystraumen und Sundklakkstraumen** führen. Eher selten werden auch die restlichen 27 Kilometer der **Panoramastraße** bereist, die die Insel in nördlicher Richtung umrundet. Zu Unrecht, präsentiert sich dem Reisenden doch eine **bezaubernde Landschaft** mit einer Mischung aus mächtigen Bergflanken und langgestreckten Mooren, über denen nach klaren Sommernächten der Nebel hängt, sowie beeindruckenden Panoramen über Wiesen, Buchten, Strände und das endlos weite Nordmeer. Gimsøya ist aufgrund der Ausrichtung nach Norden und der dünnen Besiedlung ein idealer Ort für die Beobachtung von **Mitternachtssonne und Polarlicht** (s. S. 113).

5000 bis 6000 Jahre alte **archäologische Funde** in Hov [I3] lassen die Vermutung zu, dass die Besiedlung der Lofoten auf Gimsøya ihren Anfang nahm. Die **„Schafsinsel"** besaß ausreichend Weide- und Ackerland, was auch die Wikinger zu schätzen wussten. Wo genau ihr schriftlich belegter Häuptlingssitz jedoch lag, darüber scheiden sich die Geister. Seit dem Jahr 2000 vermuten ihn viele im **Kirchort Vinje** [I3], denn nur von dort aus konnte man alle auf Vestvågøya und den Vesterålen anlässlich der Jahrtausendwende auf den Gipfeln markanter Berge entfachten Feuer sehen. Sogenannte *Varder,* **Gipfelmarkierungen** mit und ohne Feuer, waren hier über Jahrhunderte hinweg ein Kommunikationsmittel.

Die markanteste Erhebung der Insel ist der frei stehende, 368 Meter hohe **Hovden** („Der Huf"). Er überragt den im Norden am Rande des Atlantiks gelegenen **Golfplatz** (Lofoten Links, s. S. 101), der ohne Zweifel zu den schönsten in Europa zählt.

Kleine, aber ausgesprochen **malerische Sandstrände** sind in **Gimsøysand** an der Kirche ㊱ und nahe dem Platz Hov Camping (s. S. 49) im Norden der Insel zu finden.

Die Insel bereist man am besten mit dem **Auto. Busse** fahren nur einmal pro Tag an Werktagen.

㊱ Gimsøysand-Kirche ★★ [J3]

Sieben Kilometer nördlich der Brücke über dem Gimsøystraumen steht die hübsche Kirche von Gimsøysand, die – abgesehen von der Natur – **wichtigste Sehenswürdigkeit der Insel Gimsøya.** Bei dem 1876 geweihten Gebäude fällt auf, dass es nicht wie üblich in west-östliche Richtung ausgerichtet ist, sondern sich an den natürlichen Gegebenheiten orientiert. Um das Haus gegen starke Fallwinde aus Richtung Südwesten zu schützen, wurde die exponierte Seite mit Hilfe von starken Stahlseilen stabilisiert.

Der **attraktive, strahlend weiße Holzbau** steht an einem beinahe ebenso weißen Sandstrand. In dessen Nähe wurde im 19. Jh. der 700 kg schwere und 1,70 Meter hohe **Runenstein „Gimsøysteinen"** entdeckt, der nördlichste im ganzen Land. Er hat nachweislich ein Alter von rund 1100 Jahren und ist heute im Museum in Tromsø zu sehen. Seine Inschrift konnte entziffert werden und lautet übersetzt: „Uki, Åses Bruder, errichtete dieses Grabmal für Næfis, da Åse von hier fortgezogen ist, und ebenso diese Steine". Vor Ort blieb der **Bautastein** (Gedenkstein) **Reka** stehen.

029lo-ms

Unterkünfte

- **Hov Camping** € <089> Hov, Tel. 91392104, https://hovgard.no. Ein zwar einfacher, aber einmalig gelegener Platz im Norden der Insel.
- **Hov Feriehus** €€ <090> Gimsøysand, Tel. 91851392, www.hovferiehus.com. Sehr hübsches, gepflegtes Ferienhaus in toller Lage.
- **Lofoten Links** €€€-€€€€ (s. S. 101). Charmante, moderne, helle Hütten in reizvoller Lage beim Golfplatz. Gehobene Preise.
- **Rystad Lofoten Camping** € <091> Kleppstad, Tel. 91627025, www.lofotencamping.com. Einfacher, sehr guter, herrlich gelegener Platz gegenüber der Insel Gimsøya, auf Austvågøya, in Richtung Sydalen. Inkl. 2 kleiner Hütten.

Vestvågøya

37 Rund um Borg ★★ [G4]

Kommt man von Gimsøya, so gabelt sich der Weg kurz hinter der Brücke. Die **E10** führt nach Borg (auch Borge) und in den Nordosten, die **Fv815** durch den unberührten Südostteil Vestvågøyas nach Stamsund 48.

11 km westlich von Gimsøya und 8 km nördlich von Borg zweigt ein schmales Asphaltband in Richtung **Limstrand/Kvalnes** ab, in eine Region, die sich offenbar nicht so recht entscheiden konnte, ob sie nun eine Insel oder eine Halbinsel sein möchte. Ausgedehnte Moore und flache Gewässer, wie der **See Urvatnet** und der **Fjordarm Steirapollen** [H4], grenzen das **Kvalneset** genannte Gebiet vom Rest der Insel Vestvågøya ab.

Eine kleine **Panoramastraße** führt durch schmale, fruchtbare Ebenen. Diese werden von mächtigen Berghängen und Gipfeln überragt, von denen der 808 Meter emporragende **Haveren** der dominanteste ist. Am Nordende der Halbinsel Kvalneset kann man gut das Ufer erreichen. Der Ort eignet sich perfekt zur Beobachtung der **Mitternachtssonne** und des winterlichen **Nordlichts** (s. S. 113), störende Lichteinflüsse gibt es kaum.

Hauptattraktion der Region ist zweifelsfrei das **Wikingermuseum** 38 in Borg. Östlich der Anlage lädt entlang der E10 der **Rastplatz Torvdalshalsen** zu einem Zwischenstopp ein. Er ist Teil des Projekts „Nationale Landschaftsrouten" und bietet einen spektakulären Blick über die Berge und Buchten der Umgebung. Auf den Holzbänken kann man perfekt **picknicken**, wobei auf den Holzplanken nicht gegrillt werden darf.

Essen und Trinken

- **Gamle Skola** € <092> Grundstadveien 454, Leknes, an der E10 zw. Gimsøya und Borg, geöffnet: Sa, So 11–18 Uhr. Familiencafé mit Spielmöglichkeiten, untergebracht in einer alten Schule.

Übernachten

- **Hotel Borg Overnatting** € <093> Vikingveien 459, Bøstad, Tel. 97197774, www.borg-overnatting.no. Zur Wahl stehen 65 günstige Betten in Mehrbettzimmern einer Schule.

38 Lofoten-Wikingermuseum ★★★ [G4]

Nur drei Prozent der Fläche Norwegens ist urbares Land. Da diese wenigen Felder schon seit Jahrhunderten genutzt werden, ist es nicht weiter verwunderlich, dass ab und an Dinge von historischem Wert zutage ge-

◁ Strahlend weiß und festgezurrt: die malerische Gimsøysand-Kirche 36

fördert werden. So geschehen anno 1981 in Borg. Die freigelegten Glasscherben und Keramikstücke waren eine **archäologische Sensation,** denn fünf Jahre später grub man Überreste eines **eisenzeitlichen Langhauses** aus, dessen Erbauung sich auf das 6. Jh. datieren ließ.

Neuere Forschungen gehen davon aus, dass Borg bis zum Ende des 11. Jh. ein stabiles **Machtzentrum** von überregionaler Bedeutung war. Die freigelegte Halle ist mit 83 Metern Länge, 7,50–9 Metern Breite und 700 m² Grundfläche die **größte ihrer Art aus der Wikingerzeit.** Erbaut wurde sie aus Holz, wobei eine 1,50 Meter breite Torfschicht die Wände zusätzlich stabilisierte. Der mit diversen Feuerstellen versehene Innenraum war in fünf Teile gegliedert. Die einzelnen Bereiche dienten als Wohnraum, Lager, Stall, Empfangs- und Gildehalle für Feierlichkeiten.

Am Ufer der geschützt gelegenen **Bucht** unterhalb des Gebäudes wurden Reste von Bootshäusern von bis zu 26 Metern Länge nachgewiesen. Die im Umkreis ausgegrabenen Gegenstände umfassen Alltägliches wie Tonscherben, Angelhaken, Messer und Nägel, aber auch Kostbares wie goldene Amulette, importierte Keramik, fein geschliffenes Glas, *Gullgubber* (Goldene Greise, s. S. 51), Perlen, Pelze und Walrosszähne. Die Funde zeugen von einer regen Handelstätigkeit der Wikinger.

Das imposante, auf einer Anhöhe gelegene Langhaus wurde in den 1990er-Jahren rekonstruiert und ist heute Teil eines aufschlussreichen, lebendigen **Museums,** das den ursprünglichen Namen der Insel Vestvågøya, Lofotr, trägt. Die Anlage und die archäologische Ausstellung vermitteln einen hervorragenden Einblick in den Alltag und die Lebenswelt der Wikinger. Neben Wohn- und Schlafplätzen gibt es eine Werkstatt mit **Handwerksvorführungen** und eine Festhalle. Ein **Film** dokumentiert die Geschichte des Ortes. Es gibt

Ausblick vom Rastplatz Torvdalshalsen (s. S. 49) auf die Berge von Vestvågøya in Richtung Borg 37

zahlreiche Aktivitäten für Kinder, ein **Tiergehege** und einen **Rundwanderweg**, der auch zur Originalfundstelle führt.

Am Ufer des Fjords liegen **rekonstruierte Wikingerschiffe** vor Anker. Mit einigen können **Rundfahrten** unternommen werden.

Im August steigt hier jedes Jahr das **Lofotr Vikingfestival** (s. S. 105). Im Sommer kann man in der **Gildehalle** für rund 150 nkr ein **typisches Wikingeressen** probieren, beispielsweise Lammeintopf – ein Gaumenschmaus.

› **Anfahrt:** Das Museum befindet sich oberhalb der E 10. Der Fernbus 300 hält direkt vor dem Museum.

› **Lofotr Vikingmuseum,** Prestegårdsveien 4, Bøstad, Tel. 76154000, www.lofotr.no, geöffnet: Nov.–Jan. Mi, Sa 12–16 Uhr, Febr.–April/Mitte Sept.–Okt. Mo–Sa 10–16 Uhr, Mai/Mitte Aug.–Mitte Sept. tgl. 10–17 Uhr, Juni–Mitte Aug. tgl. 10–19 Uhr, Eintritt: 240 nkr, erm. 200 nkr, Kinder ab 6 Jahren 150 nkr, Familien 700 nkr, Nebensaisonrabatte

39 Borge-Kirche ★ [G4]

Unweit des Museums 38 erhebt sich weithin sichtbar die Kirche von Borg. Es ist bereits das siebte Gotteshaus an dieser Stelle. Das erste ist im Jahr 1335 dokumentarisch verbürgt, das heutige wurde am 31. Mai 1987 eingeweiht, nachdem ein Vorgängerbau 1983 niedergebrannt war.

Die von Knut Gjernes entworfene **Betonkirche mit roter Verkleidung** besitzt einen quadratischen Grundriss. Über dem Altar ist ein von Else Marie Jakobsen geschaffener **Wandteppich** zu sehen. Er zeigt vor dem Nordlicht im Hintergrund den auferstandenen Christus. Eine seiner Hände zeigt gen Himmel, die andere durchbricht das Bild, ein Symbol für die Kraft des Auferstandenen. In den von Veslemøy Nystedt Stoltenberg entworfenen **Glasmalereien** lobpreisen Moses, Maria und Miriam Christus.

› **Borge kirke,** Prestegårdsveien 75, Bøstad, Tel. 76056730, www.vestvagoy.kirken.no

KURZ & KNAPP

Die goldenen Greise

Die sogenannten **goldenen Greise („gullgubbene“)** zählen zu den bedeutendsten Funden der Ausgrabungen in Borg 37. *Gullgubber* wurden bis in die Wikingerzeit hinein in ganz Nordeuropa hergestellt. Das **Motiv,** ein Mann und eine Frau, die einander zugewandt sind, wurde in eine dünne, häufig aus Gold bestehende **Metallplatte** gepresst. Gefunden wurden die Gegenstände mehrheitlich in ehemaligen Machtzentren, wo sie Teil von rituellen Zeremonien gewesen sein könnten. Dargestellt ist vermutlich die Heirat von Frøy (Freyr) und Gerd (Gerda), als Repräsentanten der Göttergeschlechter der Wanen (Vaner) und Asen (Æser).

Hålogaland

So stiefmütterlich der **Norden Norwegens** heutzutage manchmal behandelt wird, so wichtig und bedeutsam war er in der Eisen- und Wikingerzeit. Schon Homer, Herodot und Pytheas von Massalia war die Region bekannt, in der angeblich das **legendäre Thule** zu finden sein sollte. **Hålogaland** erstreckte sich von Trondheim hinauf bis nach Troms. Der Name kann verschiedenen Deutungsversuchen zufolge mit „Heiliges Land“, „Land des Nordlichts“ oder „Holgis Land“ übersetzt werden. Hålogaland wurde von unabhängigen Kleinkönigen regiert, von denen einige auch in Borg ihren Sitz hatten.

40 Eggum ★★ [G4]

Biegt man unweit von Borg 37 nach Eggum ab, gelangt man auf eine **Panoramastraße**, die am Meer entlang zur Nordseite der Insel führt. Der **idyllische 100-Einwohner-Ort** Eggum besticht durch seine Mischung aus farbenfrohen Holzhäusern, unwirtlicher Natur und lieblichen Stränden.

Eggum liegt nah an den Fischgründen des Nordmeeres und war daher einst ein wichtiger Hafen. Da die See an dieser Stelle aber oft aufgewühlt und rau und die Siedlung den Stürmen direkt ausgesetzt ist, zogen die großen Trawlerflotten weiter in Gebiete mit geschützteren Kaianlagen. Es blieb ein Ort zurück, der mit starker **Abwanderung** zu kämpfen hat, Touristen jedoch zunehmend anzieht. Wer also „mit der Nase im Wind" die Seele baumeln lassen und **Wanderungen** entlang der wundervollen Sand- und Geröllstrände oder nach Unstad 43 (s. Wanderung 2 S. 97) unternehmen möchte, ist in Eggum genau richtig. Außerdem finden Reisende hier eine der besten Stellen zur Beobachtung der **Mitternachtssonne** (s. S. 113). Eggum liegt an der **Nationalen Tourismusroute Lofoten. Busse** verkehren hier nur äußerst selten, weshalb der Ort am besten mit dem **Auto** erreichbar ist.

› **Eggum Rorbuer** €€ <094> Eggumsveien 834, Tel. 97725779, https://eggumrorbuer.hotelonia.com. Sanierte, historische Rorbuer mit Aussicht auf die Mitternachtssonne.

41 Rastplatz Borga ★ [G4]

Zwei Kilometer jenseits der Mautstation am Ortsrand von Eggum steht eine ehemalige deutsche Radarstation aus der Zeit des Zweiten Weltkriegs. Die Anlage wurde zu einem **Amphitheater mit Rastplatz** (Toilette) umgestaltet. Von der Anhöhe bietet sich ein **eindrucksvoller Rundblick** auf die raue Landschaft des Nordens. Borga ist auch sehr gut zu Fuß erreichbar (Schotterweg). An der Mautstation gibt es einen **Parkplatz.**

031lo-ms

42 Skulptur „Hode“ ★ [F4]

Nicht einmal 800 Meter vom Rastplatz Borga 41 entfernt, ist am Ufer die Skulptur **„Hode“** (**„Kopf“**) zu entdecken, die sowohl zu Fuß als auch mit dem Auto erreichbar ist. Das 1992 von **Markus Raetz** geschaffene Werk ist Teil des Kunstprojekts „Skulpturenlandschaft Nordland“. Die kleine, aber nicht minder eindrucksvolle Plastik aus Granit und Eisen verändert je nach Blickwinkel ihr Aussehen. Insgesamt sollen 16 verschiedene Eindrücke sichtbar werden.

Natur und Strände

Am Ortseingang sind entlang der Straße und unterhalb der Häuser mehrere kleine **strahlendweiße Strände** zu finden. In Richtung Rastplatz Borga 41 und „Hode“-Skulptur 42 dominieren dagegen **Steinstrände.** Diese sind Teil des **Eggum-Naturreservats**, in dem auch jene Endmoräne unter Schutz steht, die den **See Heimredalsvatnet** [G4] aufstaut. Die Geröllstrände bestehen aus Gestein, niedrig wachsenden Pflanzen, Moos und Blütenpflanzen sowie Heide.

43 Unstad ★★ [F4]

Wer in früheren Tagen nach Unstad wollte, musste den beschwerlichen Weg über die in 160 Metern Höhe gelegene **Felskluft Unstadskaret** nehmen. Gerade bei Sturm war dies wahrlich eine Herausforderung, der sich die hartgesottenen **Surfer** Thor Frantzen und Hans Egil Krane dennoch stellten, denn sie trafen schon vier Jahre vor dem Anschluss an das Verkehrswegenetz in dem winzigen Ort ein. Seitdem nun mit seiner Fertigstellung in den späten 1990er-Jahren ein **Tunnel** durch den Berg zum Strand führt, kommen immer mehr internationale Gäste, denn die über den Nordatlantik anrauschenden Wellen genießen mittlerweile schon einen legendären Ruf.

Abgesehen von den Fluten des Meeres kann Unstad mit einem **paradiesischen Strand** inmitten einer großartigem Landschaft mit bis zu 650 Meter hohen **Bergen** aufwarten. Ein besonders **fotogenes Panorama** eröffnet sich rund 300 Meter vor dem letzten Tunnel auf der linken Seite (zwei kleine Parkbuchten am linken Fahrbahnrand).

Busse fahren nur äußerst selten nach Unstad, das **Auto** ist das bevorzugte Fortbewegungsmittel.

› **Unstad Arctic Surf** €€ <095> Unstadveien 105, Tel. 97061201, www.unstadarcticsurf.com. Das örtliche Surfzentrum bietet zweckmäßige Unterkünfte an, dazu sind Surfkurse und Zwei- bis Sieben-Tage-Pakete buchbar. Verleih von Ausrüstung. Auch Stand Up Paddling, Kletter- und Angelausflüge möglich.

Mein Tipp

Käse vom Erzeuger

Der **Hofverkauf** der **Molkerei Lofoten Gårdsysteri** bietet leckeren **Käse,** meist hergestellt aus Ziegenmilch und verfeinert mit frischen Zutaten wie Kräutern, Brennnessel und Klee. Man kann auch sehr schmackhafte Salami kaufen. Ein **Café** lädt zum Verweilen ein.

› **Lofoten Gårdsysteri** <096> Saupstadveien 235, Bøstad, Tel. 95082958, www.lofoten-gardsysteri.no, geöffnet: Mo–Sa 10–17/21 Uhr

Am Rande des Atlantiks gelegen: das kleine Örtchen Eggum 40

032lo-ms

44 Strand von Haukland ★★★ [F5]

Drei Kilometer nördlich von Leknes 45 weist ein **unscheinbares Schild** inmitten einer ebenso unspektakulären Landschaft in **Richtung Uttakleiv.** Die Straße windet sich durch eine Region, die das Adjektiv „hübsch" durchaus verdient. Allein wegen einiger Wiesen, Wäldchen und Buchten würde aber wohl kein Lofoten-Reisender diesen Umweg auf sich nehmen. Da müssen schon gewaltigere Dinge folgen. Und so ist es auch: Reichlich unvermittelt setzen sich hinter einer Kuppe **urwüchsige Berge** in Szene, deren Anblick allein schon sensationell ist. Doch die Natur hat sich in dieser Ecke der Inselgruppe noch ein ganz besonderes Menü ausgedacht: karibisch-blaues Wasser an strahlend weißen Sandflächen, abgeschmeckt mit subarktischer Rauheit.

Karibikfeeling am Strand von Haukland 44

Der **erste Sandstrand** ist zunächst nur ein Ableger des berühmten Haukland-Strandes. Parkplätze entlang des Weges gibt es keine, sodass man sich so lange gedulden muss, bis die Talsohle erreicht ist. Nachdem man nochmals eine kleine Anhöhe überwunden hat, schiebt sich der **spektakuläre Hauptstrand** ins Bild. **Parkflächen** gibt es an beiden Seiten.

Ein recht dunkler, schmaler **Tunnel** führt auf die andere Bergseite nach **Uttakleiv.** Wer sich in dem kleinen Ort links hält, gelangt zum nicht minder beeindruckenden **Uttakleiv-Sandstrand,** der auch mit seiner schier unglaublichen Bergkulisse beeindruckt.

Zwischen den Stränden von Haukland und Uttakleiv folgt ein sehr einfacher **Wanderweg** der alten Straßenführung (s. Wanderung 3 S. 98).

Zu den Stränden fahren **keine regulären Busse.** Reisen per Anhalter funktioniert relativ gut.

Unterkunft

› **Strandcamping Uttakleiv** € <097> Am Strand darf gegen Gebühr das Zelt aufgeschlagen werden. Eine kleine Sanitäranlage ist vorhanden. Bedingung ist, dass man den Platz sauber verlässt.

45 Leknes ★ [F6]

Zählt man das Wohngebiet **Fygle** hinzu, so leben rund 3500 Menschen in der Gemeinde. Leknes gehört damit zu den großen Orten der Lofoten und unterstreicht seine zentrale Funktion mit dem **Stadtstatus** sowie diversen Institutionen wie weiterführende Schulen, Einkaufszentrum, Schwimmhalle und Kulturhaus. Was es jedoch nicht gibt, ist ein lebendiges, oder gar ansehnliches Zentrum. Wie vielen norwegischen Siedlungen, die sich im Laufe der letzten Jahrzehnte aus eher praktischen Erwägungen heraus entwickelten, so haftet auch Leknes etwas Planloses an. Wo Platz war, wurde gebaut. Immerhin entstand so eine **zentrale Hauptstraße**, entlang der sich verschiedene Läden und das Rathaus mit einer Ausstellung lokaler Künstler gruppieren. Charme und Stil blieben jedoch auf der Strecke. Da Leknes das landwirtschaftliche Zentrum der Region ist, spricht man mit einem leicht hämischen Lächeln von der **„Cowboystraße“ (Cowboygaten).** Der Ruf nach ihrer Sanierung verhallte jahrelang. Letzten Endes wurde die Instandsetzung der Straße und der Gehwege 2022 abgeschlossen.

Leknes lohnt für einen Stopp, um die Vorräte aufzustocken. Die Auswahl an Läden ist für einen so kleinen Ort nämlich durchaus beachtlich.

Auch wenn Leknes in seiner heutigen Gestalt erst seit den 1960er-Jahren existiert, weisen Grabhügel und Grundmauern von Häusern auf eine **frühe Besiedlung** hin: Bereits um 100 n. Chr. und zu Wikingerzeiten wohnten hier Menschen.

⊻ *Fruchtbare Ebenen nahe Leknes*

033lo-ms

46 Fygle Museum ★ [F6]

Das Museum umfasst ein 1834 erbautes **Rorbu** und ein **Schulgebäude** aus dem Jahre 1898. In diesem können neben einem originalen Klassenraum aus dem 19. Jh. auch eine Schuhmacherwerkstatt, eine historische Zahnarztpraxis und Ausstellungen zum Textilhandwerk besucht werden. Leider hat das Museum meistens **nur auf Anfrage geöffnet.** Ein Besuch muss drei Tage vorab **angemeldet** werden.

› Fygleveien 109, 2 km östlich von Leknes in Richtung Stamsund gelegen, Tel. 76084900, geöffnet: nach Anmeldung, Eintritt: 50 nkr, Familie 100 nkr

47 Hol-Kirche ★ [F6]

Die stilechte **weiße Empire-Kirche** mit hohen Bogenfenstern wurde 1806 auf einer **kleinen Anhöhe** errichtet. Die Kreuzkirche besitzt ein schiefergedecktes Dach und ist das zentrale Gotteshaus für die landwirtschaftlich geprägte Umgebung. Die erste Kirche an dieser Stelle wurde vermutlich im 14. Jh. errichtet.

› **Hol kirke,** Hol 39, 3 km östlich Leknes

Infos und Reisetipps

› **Vestvågøya Turistinformasjon** <098> Storgata 8, Leknes, Tel. 48175009, geöffnet: Mo–Fr 10–19, Sa 10–16 Uhr

› **Bus:** Am Busbahnhof im Zentrum hält der Fernbus 300. Es gibt ferner Verbindungen nach Ballstad 53 (Linie 18-766) und Stamsund 48 (Linie 18-767).

Unterkünfte

› **Lofoten Rorbuopplevelser** €€€ <099> Offersøyveien 1, westlich von Leknes, neben Skreda Rorbuer, Tel. 97525950, www.lofotenfiske.com. Erstklassige, stilvolle, günstig gelegene Rorbuer. Ideal für Familien und Angler. Verschiedene Ausflüge und Aktivitäten buchbar.

› **Scandic Leknes** €€€ <100> Lillevollveien 1, Tel. 76054430, www.scandichotels.no. Kleines Mittelklassehotel mit frisch renovierten Zimmern.

› **Skreda Rorbusuiter** €€€ <101> Offersøyveien 1, an der E 10, Tel. 95084222, über Buchungsportale buchbar. Komfortable Rorbuer in bester Lage, westlich von Leknes auf dem Weg nach Flakstadøya gelegen.

Essen und Trinken

› **Huset Kafé** € <102> Idrettsgata 1, geöffnet: Mo–Do 8–16 Uhr, Fr bis 18 Uhr, Sa 10–16 Uhr, So 11–17 Uhr. Charmantes Café mit leckem Kaffee und sehr gutem Kuchen.

› **Makalaus** €€ <103> Storgata 27, Tel. 45375349, www.makalaus.as, geöffnet: Mo–Do 11–21, Fr 11–23, Sa 12–24, So 14–20 Uhr. Empfehlenswertes Restaurant und Café im Kulturhaus. Burger, Pasta und Salat.

› **Pizza bakeren** € <104> Idrettsgata 67, Tel. 76080100, www.pizzabakeren.no, geöffnet: tgl. 11–22 Uhr. Recht leckere Pizza – ideal, um sich zu einem guten Preis satt zu essen.

Einkaufen

› **Lofoten Gaver og Brukskunst** <105> Storgata 38, geöffnet: Mo–Fr 9.30–16.30 Uhr. Zahllose Norwegensouvenirs in reichlicher Auswahl.

› **Lofotsenteret** <106> Storgata 8, www.lofotsenteret.no, geöffnet: Mo–Fr 10–18, Sa 10–16 Uhr. Gut sortiertes Einkaufszentrum. Supermarkt, Apotheke (s. S. 127), Sportgeschäft, Buchladen, Mode und Vinmonopolet (Alkoholgeschäft).

Nachtleben

› **DIGG Restaurant-Bar-Disko** <107> Storgata 59, geöffnet: ab 14 Uhr. Gastro-Kneipe und Disco in der Innenstadt. Preiswerte Hamburger.

48 Stamsund ★★ [H6]

Mit rund 1100 Einwohnern ist Stamsund nach Svolvær 13, Leknes 45, Kabelvåg 26 und Gravdal 51 nur die **fünftgrößte Siedlung** der Lofoten, dafür jedoch die **am dichtesten besiedelte.** Im Zentrum am Hafen besitzt der langgestreckte Ort sogar einen Anflug städtischen Charakters, wenngleich der Stadtstatus bisher verwehrt blieb.

Dem 1614 erstmals in einem öffentlichen Dokument erwähnten Stamsund war zunächst eine eher langsame Entwicklung beschieden. Für 1733 erwähnen die Chroniken gerade einmal zwei Einwohner. Entscheidend für die Entwicklung des Ortes waren letzten Endes zwei Jahreszahlen und ein Zugezogener. Das **Lofotengesetz** von 1857 räumte zunächst den Fischern deutlich größere Freiheiten ein und erlöste diese aus einer Art Leibeigenschaft gegenüber ihren Arbeitgebern. Mit dem Fall der Handelsprivilegien der west- und mittelnorwegischen Städte Bergen und Trondheim anno 1866, konnte der freie, ungehinderte Warenaustausch auf den Lofoten Fahrt aufnehmen. Dies wiederum machte sich **Carl Magnus Johansen,** ein findiger Schuhmacher aus Namdalen, zunutze. Für die durchaus nicht geringe Summe von 12 Speciedaler und 24 Schilling erwarb er einen Handelsbrief und begann zielstrebig, eine eigene Fischereifirma aufzubauen. Diese entwickelte vor Ort so viel Einfluss, dass sein Nachfahre **J. M. Johansen,** kurz J. M. genannt, den Beinamen **„Zar von Stamsund"** trug. Milde und hilfsbereit konnte dieser wohl sein, solange er auf billige Arbeitskräfte zurückgreifen konnte. Über die Jahre wuchsen aber die Abhängigkeiten. Fisch durfte nur an J. M. verkauft werden, zu einem zuvor festgelegten, unverhandelbaren Preis. Zeichen seines Reichtums war und ist ein 1934 erbautes Steinhaus (J. M. Johansens vei 11),

Im Licht der Abendsonne präsentieren sich die Stelzenhäuser am Hafen von Stamsund besonders idyllisch und fotogen

034lo-ms

das seinerzeit schönste und größte der Lofoten. Durch die Mitgliedschaft im Vorsitz der **Reederei Vesteraalens Dampskibsselskab** konnten die Johansens durchsetzen, dass Stamsund von der Postschifflinie der **Hurtigruten** (s. S. 119) angelaufen wurde, was einen nicht zu unterschätzender ökonomisch-strategischer Vorteil gegenüber anderen Fischerorten darstellte.

Mit einer Reihe von Fehlinvestitionen kam die **Pleite** des Johansen-Imperiums. Die Kommune entschied sich zunächst für einen Richtungswechsel und begann ab den 1990er-Jahren, auf **Kultur** zu setzen. Und wenngleich die Fischereiindustrie mittlerweile wieder ein boomendes, auch in Stamsund fest verankertes Geschäft ist, die Kunst blieb: Zwei freie Theatergruppen, zahlreiche Künstler und eine renommierte Galerie sorgen für kulturelles Leben.

Das von bis zu 350 Meter hohen **Bergen** überragte Stamsund präsentiert sich zweigeteilt: im Norden weitläufige Wohngebiete und im Süden enge, teils historische Bebauung, der Hurtigrutenkai und Fischereianlagen. **Hauptattraktion** ist die sogenannte **Burekka (Hüttenreihe)**, eine rot getünchte **Rorbuanlage** mit grünen Fenstern und Giebeln. Sie reiht sich entlang des **Hafens**, gegenüber dem Coop-Supermarkt, auf und ist eines der beliebtesten Fotomotive der Lofoten, besonders im Morgen- und frühen Abendlicht. Errichtet wurden die Gebäude um die Jahrhundertwende als Unterkünfte für zugereiste Fischer. Ihr markantes, angehobenes Dach erhielten sie nach dem Zweiten Weltkrieg. Die Rorbuer sind heute in privater Hand und werden teilweise an Touristen vermietet.

In einem der Stelzenhäuser ist eine maritim eingerichtete Kapelle untergebracht, die **Bryggekapell.** Ihr Altar symbolisiert einen Kai. Zu Füßen des aus den Überresten eines alten, verlassenen Schiffes hergestellten Kreuzes liegt ein Anker, daneben stehen Laternen. Die rostigen Nägel erinnern an die Kreuzigung Christi.

Am Nordende des Ortes steht die 1937 geweihte, weithin sichtbare Stamsunder **Kirche.** Ihre konsequent quadratischen Formen hinterlassen ein wenig den Eindruck, als sei sie aus Legosteinen errichtet worden. In der Ortsmitte zeigt die **Galleri 2** norwegische und internationale Kunst.

› **Galleri 2** <108> J. M. Johansens vei 18, Tel. 90956546, www.galleri2.no, geöffnet: tgl. 12–18 Uhr, Eintritt frei

Natur

Nördlich von Stamsund zweigt die **Fv 815** ab. Die kleine Straße führt 30 Kilometer weit durch den nur dünn besiedelten **Südosten der Insel Vestvågøya.** Die Landschaft wird durch **unberührte Berggipfel** und **ausgedehnte Moore** geprägt. Immer wieder verführt das sich eröffnende **Panorama** dazu, die Reise langsam anzugehen. An klaren Tagen während des Winters ergeben sich optimale Möglichkeiten zur Beobachtung des **Nordlichts** (s. S. 114). Einem Genuss der Mitternachts- oder Abendsonne stehen meist hohe Berge im Weg. Eine Ausnahme bildet der westliche Abschnitt der Fv 817.

Infos und Reisetipps

› **Bus:** Linie 18-767 verkehrt von und nach Leknes 45.

Unterkünfte

› **Brustranda Camping** € <109> Valbergsveien 836, an der Südostküste

(Fv 815), Tel. 96910407, www.brustranda.no. Idyllisch an einer Bucht gelegener Campingplatz mit neuen, sehr guten Sanitäranlagen. Zur Wahl stehen Hütten unterschiedlicher Größe und Ausstattung.

› **Lofoten Guesthouse** €€ <110> Hagskarveien 330, vor Stamsund an der Fv 815 gelegen, Tel. 99529945, www.lofoten-guesthouse.com. Attraktive, mit Holz dekorierte Zimmer, familiäre Atmosphäre.

› **Lofotenpanorama** €€€€ <111> J. M. Johansens vei 129, Tel. 95007372, www.lofotenpanorama.no. Recht exklusive Unterkunft mit modernen Zimmern und wunderschönem Rundumblick auf das Meer.

› **Lofoten Stamsund Hostel** € <112> Hartvågenveien 11, Tel. 76089334, www.stamsundhostel.com/en. Eine der schönsten Jugendherbergen des Landes mit günstigen Preisen und wohnlichen Zimmern.

Branntweinkrieg und Branntweintag

Als gegen Ende des 18. Jh. die Genehmigung erteilt wurde, auf den Lofoten Gasthäuser zu errichten, stieg der Verbrauch von Branntwein enorm an. Schon zuvor war es üblich gewesen, sich gegen die enormen Strapazen auf dem Meer den einen oder anderen „dram" („Schnaps") zu genehmigen. Nun jedoch gab es für viele Fischer kein Halten mehr und so mancher gab in den immer zahlreicher werdenden Gasthäusern den letzten Schillig seines ohnehin kärglichen Lohns aus. Glaubt man den Schilderungen Johan Bojers, dann wurde bei Zahlungsunfähigkeit oder Rechenschwäche des Gastes auch Fisch in Zahlung genommen. Ganze Bootsladungen wechselten so den Besitzer.

Besonders dramatisch erwies sich die Lage in Stamsund 48, wo es am 24. März 1894 zum „Großen Branntweinkrieg" („brennevinsslaget") kam. Berichtet wird von einem Anhänger des Laestadianismus, einer pietistischen Erweckungsbewegung der lutherischen Kirche, der den Aufstand probte und gemeinsam mit anderen versuchte, den sündigen Umtrieben und dem immer weiter um sich greifenden Schmuggel ein Ende zu bereiten. Die Verkaufsstellen für Branntwein wurden „gekapert" und der Alkohol vernichtet. An der Aktion nahmen mehrere Tausend Menschen teil.

Ein Jahr später, am 25. März, jenem Tag, an dem der Lofotenfischfang traditionell seinen offiziellen Abschluss findet, wurde der Branntweinschlacht gedacht – paradoxerweise mit einem großen Alkoholgelage. Es wurde getanzt und gesungen und darauf geachtet, dass der „skårunge" (auch „førstereisgutt"), also jener junge Mann, der das erste Mal am Fischfang teilnahm, dem „hansing" nachkam. Der Begriff „hansing" leitet sich von den niederdeutschen Wörtern „hensen" und „hanse" ab und bedeutet, dass dem Gefolge eine Abgabe gezahlt werden musste: Der skårunge musste also allen Mitstreitern im Boot einen Schnaps spendieren.

Ungeachtet des großen Gelages am Gedenktag verfehlte der Branntweinkrieg seine Wirkung nicht: Der Handel mit Alkohol wurde stärker kontrolliert und der Schmuggel stark eingeschränkt. Im weitesten Sinne lassen sich die heute noch restriktiven Alkoholbestimmungen Norwegens auf den 24. März 1894 zurückführen.

› **Stamsund Rorbuer** €€€ <113> J. M. Johansens vei, Tel. 76054600, über Buchungsportale buchbar. Der klassische Rorbuanbieter in Stamsund. Geschmackvolle Zimmer am Hafen.

› **Ytterviks Rorbu** €€€ <114> Buøyveien 17, Tel. 95140442, Buchung über gängige Internetportale. Rorbuanlage mit rot gestrichenen norwegischen Hütten, einige stehen auf Stelzen über dem Wasser. Recht hohe Preise.

Essen und Trinken

› **Live Lofoten Restaurant** €€€ <115> Skjæret 2, Tel. 76054600, geöffnet: Di–So 17–22 Uhr. Gute lokale Küche mit einigen ausgefallenen Gerichten. Unmittelbar am Hafen gelegen.

Einkaufen

› **Lofoten Wool** <116> Steineveien 294, nördlich von Stamsund von Fv 815 nach Steine abbiegen, https://lofoten-wool.no, geöffnet: Di–Sa 12–17 Uhr. Wärmende Wolle und Wollprodukte von Lofotenschafen.

Panorama von der Anhöhe nahe Skaftnes

49 Rund um Mortsund und Ure ★★ [F7]

Südöstlich von Leknes 45 erhebt sich inmitten einer Halbinsel der 501 Meter hohe **Breidtinden.** Nördlich des kleinen Massivs führt eine Straße mit der **einzigen Serpentine der Inselgruppe** zum landwirtschaftlich geprägten Ort **Sennesvik** [G6].

Westlich und östlich der Bergflanken des Breidtinden zweigen zwei Stichstraßen in Richtung Küste ab, nach **Mortsund** (20 Einw.) und **Ure** (50 Einw.). Die Orte entwickelten sich gegen Ende des 19. Jh. zu kleinen Häfen mit Rorbuern und Trankocherei. Fischverarbeitungsanlagen, eine Forschungsanlage für die Aufzucht von Dorsch und Stelzenhäuser prägen Mortsund, wohingegen sich Ure noch etwas idyllischer präsentiert, mit rot oder weiß getünchten Häusern wohlhabender Fischerfamilien. Der markanteste Unterschied ist jedoch das **Licht:** Unterhalb hoher Gipfel wird Ure von der Morgen- und Mortsund von der Abendsonne beschienen.

Der **markanteste Gipfel** ist der solitär stehende, 351 Meter hohe **Ureberget** südlich des Ortes Ure [G7].

Nördlich des Berges führt ein Trampelpfad am Moor Myret vorbei und zum 148 Meter hoch gelegenen **See Urevatnet.** Der Einstieg befindet sich am Ende der ersten, rechts abzweigenden Querstraße am Ortseingang. Der leicht zu bewältigende Weg ist **unmarkiert,** gutes Kartenmaterial ist also angeraten.

Nach Mortsund und Ure gelangt man zumeist nur mit dem **Auto.** Der **Bus** verkehrt Montag bis Samstag nur einmal täglich von und nach Leknes.

› **Lofoten Seafood Center** <117> Mortsund, Tel. 47808088, www.lofotenseafood.com, geöffnet: Besucherzentrum Juni–Aug. tgl. 10–17 Uhr, Febr.–Juni, Sept.–Dez. Mo–Fr 10–14 Uhr, Restaurant Juni–Aug. Di–Sa 19–23 Uhr, Febr.–Juni, Sept.–Dez. Fr 19–23 Uhr. Ausstellung zum Thema Aquakulturen mit angeschlossenem Restaurant und Shop. Bootstouren.

50 Skaftnes Gård ★ [G7]

Zwischen Sennesvik und Ure findet sich der **Museumshof** Skaftnes Gård, der in seinem **originalen Erhaltungszustand** nahezu einzigartig auf den Lofoten ist. Er besteht aus einem Wohnhaus, einem Stall, einem Kai und einem Bootshaus. Anhand von Alltagsgegenständen wird das Leben vor über 100 Jahren anschaulich dokumentiert. Ausgestellt werden auch **historische Fischerboote.** Die Hofanlage wurde 1613 erstmals erwähnt und war bis 1990 in privater Hand.

› Ureveien 106, Tel. 76084900, geöffnet: Mitte Juni–Mitte Aug. tgl. 11–15 Uhr, Eintritt: 50 nkr, Kinder 25 nkr, Familie 100 nkr

Unterkünfte

› **Kaikanten Kro og Rorbu** €€€ <118> Ureveien 188, Sennesvik, Facebook-Seite, über Buchungsportale buchbar. Empfehlenswerte, renovierte und perfekt ausgestattete Rorbuer. Mit angeschlossenem Café-Restaurant.

› **Statles Rorbuer** €€–€€€ <119> Mortsundveien 399, Mortsund, Tel. 76055060, www.statles-rorbusenter.no. Gute historische Standardrorbuer im traditionellen Stil in toller Lage am Wasser. Unterschiedliche Kategorien und Preise.

51 Gravdal ★ [F6]

Im Unterschied zu Leknes 45 ist Gravdal seit alters her ein reiner **Wohnort** und besitzt noch heute, abgesehen von einem Lebensmittelladen, keinerlei Geschäfte. Der Wegweiser an der Hauptstraße mit dem Vermerk „Sentrum" ist also nicht wirklich ernst zu nehmen.

Der Grund für eine Siedlung an dieser Stelle ist im Ortsnamen zu finden. Dieser kann mit **„Grabental"** übersetzt werden und ist ein Verweis darauf, dass hier in Form eines Baches immer genügend Frischwasser zur Verfügung stand.

Auffälligstes Bauwerk Gravdals ist die **Buksnes-Kirche** 52 am südöstlichen Ortsrand auf dem Weg nach Ballstad 53, die wichtigste Institution ist das **Krankenhaus** (s. S. 126). Wegen der großen Anzahl an Fischern wurde hier, an zentraler Stelle, bereits 1847 ein Hospital eröffnet.

Am Ende der Straßen Klokkervika und Kirkeveien sind einige **Badebuchten** und **kleine Strände** zu finden.

52 Buksnes-Kirche ★★ [F6]

In Norwegen ist es ja eher die Natur, die dominant und überragend erscheint. Insofern ist es schon überraschend, wenn sich zwischen Gravdal und Ballstad plötzlich ein ziemlich **imposantes Bauwerk** in den Blick schiebt: die Kirche von Buksnes. Rot getüncht, mit weißen Streben, bildet sie einen starken Kontrast zum Grün der Kiefern und dem Blau (oder Grau) des Himmels. Unschwer ist eine gewisse **Ähnlichkeit zu den Stabkirchen** des Landes zu erkennen. Dies ist durchaus gewollt, ist das Bauwerk doch ein spätes Beispiel für den **norwegischen Drachenstil** (s. S. 63), der v. a. die der Dämonenabwehr dienenden Giebeldrachen und den pagodenförmigen Aufbau der Stabkirchen imitierte.

Kirchenbauten gibt es in Buksnes, heute ein Ortsteil von Gravdal, seit dem 12. Jh. Feuersbrünste infolge von Blitzeinschlag, schwere Stürme oder schlicht der Zahn der Zeit zerstörten diese jedoch regelmäßig. Zum Schutz vor Unwettern besaß das heutige, am 22. November 1905 geweihte Bauwerk einst deutlich sichtbare, stabilisierende **Querstreben.** Im Zuge einer Renovierung des Gotteshauses in den 1960er-Jahren wurden die Hölzer jedoch entfernt und in die Wände integriert. Andernorts auf den Lofoten, z. B. auf Gimsøya, besitzen die Kirchen noch entsprechende Halterungen an der Außenwand.

036lo-ms

Das von Karl Norum entworfene Gebäude besitzt einen lichten, freundlichen, mit Holzpanelen verkleideten **Innenraum.** 1997 wurde eine neue Orgel mit kräftigem Klang eingebaut.

› **Buksnes kirke,** Buksnesveien 450, nur während der Gottesdienste geöffnet. Das **Außengelände** kann betreten werden und lohnt für Fotostopps.

Essen und Trinken

› **Chocolateroom** € <120> Gravdalsgata, geöffnet: tgl. 11–16 Uhr. Gemütliches Café mit köstlicher Schokolade und leckerem Kuchen.

53 Ballstad ★★ [F7]

Ballstad ist mit unter 1000 Einwohnern die **kleinste Siedlung der Region,** dafür ist sie als Wohnort äußerst beliebt und besitzt, ebenso wie Stamsund 48, einen eher städtischen Charakter. Dicht gedrängt stehen die Häuser im Schatten der bis zu 670 Meter hohen **Berge.** Der Ortsname leitet sich vom Männernamen Baldrekr ab und taucht im 16. Jh. das erste Mal in den Annalen auf. **Fischfang** (s. S. 92) wird in der Gegend aber wohl schon seit über 1000 Jahren betrieben, was Ballstad neben Vågan (das heutige Kabelvåg 26) zu einer der ältesten Siedlungen der Lofoten macht.

Der gut erreichbare, ausreichend tiefe **Hafen** ließ den Ort im 19. und

Der norwegische Drachenstil

Im Zuge der Nationalromantik des 19. Jahrhunderts wuchs das Interesse an den architektonischen Zeitzeugen des Landes. So beschäftigte sich u. a. der Fortidsminneforeningen (Verein für Altertumsdenkmäler) aktiv mit dem Schutz der Stabkirchen. Diese rückten gegen Ende des 19. Jh., als man auf der Suche nach einem eigenen norwegischen Stil war, in das Blickfeld der Architekten und Künstler, beispielsweise J. C. Dahls.

Schon seit der Mitte des 19. Jh. war es üblich, aus alten Gestaltungsvorlagen neue nationalromantische Stilrichtungen zu schaffen. Einer der Vorreiter in Norwegen war Johannes Flintoe, dessen um 1840 entworfenes Fugleværelse („Vogelzimmer“) im Osloer Schloss bereits die verschlungene Formensprache der Stabkirchen aufgriff.

Seinen Durchbruch hatte der Drachenstil („Dragestil“) um 1880 mit dem norwegischen Architekten Holm Munthe. Drachenköpfe und verschlungene Ranken wurden als Stilelemente fantasievoll und frei eingesetzt.

Die erste Phase des Drachenstils hielt bis 1905 an: Naturmaterialien kamen zur Verwendung und der Grundriss der Gebäude war äußerst unregelmäßig. Es gab zahllose Balkone, Bögen und Giebel sowie eine gewisse Anlehnung an den Schweizerstil. Die zweite Phase war schlichter und wurde bereits vom Jugendstil beeinflusst.

20. Jh. wachsen. Um 1910 kamen winters rund 10.000 Fischer und etwa 1000 Fischerboote nach Ballstad. Später etablierten sich auf der Insel Ballstadøya **Werften**; gegenüber, in Kræmmervika, hatten die **Händler** ihren Sitz.

Das eigentliche Ortszentrum befindet sich auf der **Insel Ballstadøya.** Mit der Werft und ihrem monumentalen 2000 m² großen **Wandgemälde** von Scott Thoe an der Seitenwand, einem Flachbau mit Supermarkt und Café sowie einem großen, asphaltiertem Platz am Wasser ist es aber eher unspektakulär. Wer sich für Schiffsbau interessiert und die Sicht auf die hohen Berge der Umgebung auf sich wirken lassen möchte, ist hier richtig. Ein Panoramablick auf den Ort eröffnet sich von der gegenüberliegenden Festlandseite, wo man sich in Richtung Mole auch etwas die Beine vertreten kann.

In **Kræmmervika** nahm der **Rorbutourismus** auf den Lofoten seinen Anfang, als im 19. Jh. Journalisten in einem der Stelzenhäuser Unterkunft gewährt wurde.

Ein beliebter **Aussichtsberg** ist das geneigte Hochplateau der **Ballstadheia** (459 m). Ein mit roten Ts markierter, mittelschwerer Weg startet in Kræmmervika (s. S. 99).

Ballstad gilt als **Tauchzentrum** der Lofoten (s. S. 95).

Infos und Reisetipps

› **Bus:** Linie 18-766 verkehrt einmal pro Tag von und nach Leknes 45.

› **Fahrradfähre:** zwischen Ballstad (10 Uhr) und Nusfjord 59 auf der Insel Flakstadøya (11 Uhr), www.ballstadgutt.no

Faszinierender Farbtupfer: die rot-weiß getünchte Drachenstilkirche von Buksnes 52

- **Fahrradverleih Ballstad Sykkelutleie** <121> Ballstadlandet 201, Tel. 99691420, www.facebook.com/Ballstadsykkelutleie
- **Lofoten Diving** <122> Øyaveien 31, Tel. 40048554, www.lofoten-diving.com. Die örtliche Tauchschule veranstaltet geführte Tauch- und Seekajaktouren mit erfahrenen Guides.

Unterkünfte

- **Hattvika Lodge** €€€€ <123> Hattvikveien 14, Tel. 93028887, www.hattvikalodge.no. Aktivitätsanbieter mit komfortablen Unterkünften direkt am Wasser. Mit Whirlpool und Sauna am Kai ist die Lodge perfekt zum Entspannen und Relaxen. Es gibt auch einen Kajakverleih und Kajaktouren.
- **Hemmingodden** €€€ <124> Oppsåttveien 10, Tel. 46196169, www.hemmingodden.no. Modernisierte Zimmer in historischen Häusern. Mit Bootsverleih – die ideale Unterkunft für Angler. Gutes Restaurant.
- **Kræmmervika Havn** €€€ <125> Kræmmervika 36, Tel. 91661330, www.kremmervikahavn.no. In dieser Anlage, so erzählt man sich, nahm der Rorbutourismus auf den Lofoten seinen Anfang. Die klassischen Rorbuer sind in Ordnung und entsprechen dem Standard. Mit Restaurant.
- **Solsiden Brygge Rorbuhotell** €€€ <126> Moloveien 41, Tel. 40463333, www.solsiden-brygge.no. Moderne Rorbuanlage auf der Sonnenseite. Gutes Restaurant.

Essen und Trinken

- **Kræmmervika Havn** €€€ (siehe links). Erstklassiges Fischrestaurant mit variablen Öffnungszeiten. Auf dem Menü steht z. B. Bacalau, aber auch Wal.
- **Lofoten food studio** €€€€ <127> Jacob Jentofts vei 29, Tel. 94135740, www.lofotenfoodstudio.no, variable Öffnungszeiten. Kleines, exklusives Restaurant, für dessen Besuch man vorbestellen muss. Der Küchenchef zaubert mehrgängige Menüs, die den Gaumen entzücken.

Einkaufen

- **Sarepas hus** <128> Ballstadlandet 201, www.facebook.com/SareptasHus, variable Öffnungszeiten. Laden mit vielen lokalen Spezialitäten und einer Galerie.

037lo-ms

Flakstadøya

Napp und Myrland

Die Inseln Vestvågøya und Flakstadøya trennt der 15 Kilometer lange Sund des **Nappstraumen.** Wer nicht aufpasst, wird diesen besonders bei **Anglern** beliebten Gezeitenstrom verpassen, denn ihn unterquert die E 10 seit 1990 in einem knapp 1,8 Kilometer langen **Tunnel.** Vor der östlichen Tunnelöffnung befindet sich der Abzweig zu einer unbefestigten **Parkbucht.** Einsehbar ist der Gewässerabschnitt von der kleinen Straße nach Myrland aus (Schild beachten).

Myrland [E6] ist ein idealer Ort, um **Mitternachtssonne und Nordlicht** (s. S. 113) zu erleben. Zwei kleine **Parkbuchten** stehen am Ortseingang zur Verfügung. Die Privatsphäre der Bewohner dieses kleinen, beschaulichen Ortes ist zu respektieren.

Entlang der (Schotter-)Straße nach Myrland und in Myrland selbst sind zahlreiche kleinere und größere **Sandbuchten** zu entdecken.

Napp an der E 10 war vor dem Tunnelbau einmal eine Fähranlegestelle, ist als Ort eher unspektakulär und besteht lediglich aus einigen Häusern, die sich entlang der E 10 aufreihen. Der Siedlungsname lässt sich wahlweise mit „knapp" oder „Knopf" übersetzen.

› **Larsen Rorbu** €€ <129> Sirilundveien 18, Napp, www.facebook.com/odd654321. Schön gelegene Stelzenhäuser, buchbar über Airbnb.

◁ *Felsen, Sandstrand, Berge: Rundblick über die Bucht von Vikten*

54 Storbåthallaren ★★ [E7]

Ein *berghall* ist ein **Felsüberhang**, der darunterliegende Bereiche vor Wettereinflüssen, insbesondere Niederschlag, schützt. **Offene Höhlen** dieser Art findet man an verschiedenen Stellen in Norwegen. Da bekannt war, dass diese vor allem in der Steinzeit als Behausung dienten, wunderte sich niemand, als man in den 1960er-Jahren in Storbåthallaren südlich von Napp **historische Siedlungsspuren** freilegen konnte. Man entdeckte Knochenreste von Hirsch, Fuchs, Rentier und Biber sowie Fischgräten von Dorsch, Leng, Lump und Köhler. Pollenanalysen der Erdschichten lassen auf ein Alter dieser Funde von ca. 6000 Jahren schließen. Auch Überreste des mittlerweile ausgestorbenen **Riesenalks** (eine Art Pinguin) und Knochen von Rindern sowie Schweinen, die auf eine frühe Form der Landwirtschaft hindeuten, konnten freigelegt werden. Aufgrund der nacheiszeitlichen Landhebung kann davon ausgegangen werden, dass die steinzeitliche Wohnhöhle nur knapp über dem Meeresspiegel lag und eine **Anlegestelle** für große Boote *(store båter)* besaß. Neben Nahrungsresten wurden ferner Werkzeuge für den Fischfang und Äxte für Brennholzbeschaffung, Jagd und Bootsbau freigelegt. **Skelettfunde** deuten auf die Nutzung als Grabstätte hin.

Den 70 Meter breiten und 22 Meter hohen Überhang erreicht man nach fünf Kilometern über den **Flakstad-Wanderweg (Flakstadstien).** Dieser beginnt an der **Mole** in Napp (von der E 10 am westlichen Ortseingang an einem Felsbrocken in Richtung Hafen abbiegen). Der Weg ist unkompliziert, allerdings sind kleine Gewässer zu überwinden. Der Pfad führt

038lo-ms

am Nappstraumen entlang und vorbei an den Überresten ehemaliger Behausungen und der Miniatursiedlung Hårberget. Auf dem Flakstadweg kann man bis Nusfjord 59 und Nesland 60 weiterwandern.

Vikten

Die **langgestreckte Bucht** *(vik)* ist nachweislich seit über 1000 Jahren besiedelt. Die etwas erhöht auf einer Moräne liegenden, recht fruchtbaren Wiesen waren sicherlich ein Grund dafür. Trotzdem zogen im Laufe der Jahrhunderte nur wenige Menschen in diese Region. Hohe Berge verhinderten den problemlosen Zugang und ungebremst heranbrausende Westwinde die Anlage eines Hafens. Erst in modernen Zeiten, wo Straßen gnadenlos in den Fels gesprengt werden und Berufspendeln kein Problem mehr darstellt, ist Vikten [E6] zu einem **beliebten Wohnort** geworden, auch für **Aussteiger.** Einige der Bewohner gehören der aus Amerika stammenden Sekte „Guds Menigheit" („Gemeinde Gottes") an, die auch die kleine private Schule betreibt. Keine Mitglieder der Glaubensvereinigung sind die Betreiber der **Glasbläserei** 55, der – abgesehen von der einmaligen Natur – größten Attraktion des Ortes. Es fährt **kein Bus.**

55 Glasbläserei Vikten ★★★ [E6]

Die Geschichte der Glasbläserei in Vikten beginnt mit den **Glasschwimmern** der Fischernetze. Der Fischer Åsvar Tangrand fand diese besonders formschön und begann, aus ihnen neue Objekte herzustellen. Die Schwimmer waren später die Vorlage für das heutige **Logo** der Werkstatt, **„Lofotruna"** (**„Die Lofotenrune"**) genannt.

Auf der Rückfahrt von einer Weiterbildung in Finnland im Jahr 1974

Zu Gast in der Glasbläserei Vikten

entschloss sich Tangrand, im Ort eine Glasbläserei zu eröffnen. Was damals in einem Keller begann, wird heute in einem architektonisch den Gipfeln der Umgebung angepassten Neubau fortgeführt. Die heutige Anlage besteht aus einem **Keramikatelier** mit **Keramikturm** auf der einen Seite und der **Glashütte** mit **Verkaufsraum** auf der anderen Seite der Straße. Die angebotenen Objekte sind von hoher gestalterischer Qualität und so ausgeführt, dass im Grunde für jeden Geschmack etwas dabei sein dürfte. Ein beliebtes, häufig mit eingeschmolzenes Element ist **Quarz.**

Für vom Wind gebeutelte Besucher dürfte die enorme Wärmestrahlung des Schmelzofens ein guter Grund zum Verweilen sein. Im **Sommer** hat in der Glashütte ein **Café** geöffnet, in dem unter anderem köstlicher Kuchen serviert wird.

› **Glasshytta Vikten,** Tel. 97716023, www.glasshyttavikten.no, geöffnet: Juni–Mitte Aug. tgl. 10–18, Mitte Aug.–Sept. tgl. 10–16 Uhr

Natur und Strände

Vikten ist ein guter Ort zur Beobachtung der **Mitternachtssonne** (s. S. 113), zumindest bis ein Uhr, wenn die Sonne hinter dem markanten, 565 Meter hohen **Bjørntinden (Bärengipfel)** [E6] verschwindet.

Über die Wiesen oberhalb des Ortes führt ein leicht zu begehender Schotterweg. Von diesem zweigt ein kurzer Pfad zum **See Vasskrokvatnet** ab. Kaum markierte Wanderwege führen außerdem nach Myrland und Napp.

Mitten in Vikten gibt es einen größeren **Sandstrand,** auf dem zuweilen auch ein **Beachvolleyballnetz** installiert ist. Neben Sand- gibt es auch reizvolle Geröllstrände.

Flakstad

Zwischen dem Abzweig nach Vikten in Vareid im Osten und Flakstad im Westen umrundet die **E 10** die sandige, von gewaltigen Bergpanoramen überragte **Bucht Flakstadpollen.** Einige **Parkmöglichkeiten** bestehen am ersten Haus am nördlichen Ortsrand und am südlichen Ortseingangsschild von Kilan, einer Siedlung, die lange im Besitz der Kirche war. Der im Lee gelegene Berghang gegenüber den Häusern, am jenseitigen Ufer, trägt den Namen Paradies.

Das nur 4 km vom Paradies entfernte, von kaum mehr als 20 Einwohnern bewohnte **Flakstad** [D/E7] hat die Ehre, **Namensgeber** der Kommune und der gesamten Insel Flakstadøya („Insel der Bergwände“) zu sein. Der Ort ist das **kirchliche Zentrum,** jedoch nicht der administrative und wirtschaftliche Mittelpunkt der Region. Verwaltung und Unternehmen wurden im Umkreis des Hafens von Ramberg 58 angesiedelt.

Siedlungsspuren lassen sich in der sandigen Uferebene von Flakstad bis in die Eisenzeit zurückverfolgen. Die sehenswerte **Kirche** 56 ist jedoch deutlich jüngeren Datums. Daneben lohnen vor allem die zahlreichen **kleinen Strände** einen Zwischenstopp. Der örtliche Sandstrand **Skagsanden** liegt an der E 10 (Parkplatz mit WC). Von diesem Strand aus sind weitere kleine Strände zu erreichen, die sich um eine Halbinsel gruppieren. Von dort ergibt sich ein perfekter Blick auf die **Mitternachtssonne** (s. S. 113).

In Flakstad hält der **Fernbus 300.**

› **Lofoten Beach Camp** € <130> Flakstad, am Strand, Tel. 95035283, www.lofotenbeachcamp.no. Herrlich gelegener Platz mit Hütten, Surfcamp und Beachbar. Blick auf die Mitternachtssonne.

56 Flakstad-Kirche ★★★ [E6]

Bei einer Fahrt über die Lofoten einen Zwiebelturm zu entdecken, ist schon außergewöhnlich. Wie bei anderen Gotteshäusern dieser exponiert gelegenen nordnorwegischen Inselgruppe wurden auch in diesem Fall alle Vorgängerbauten von Stürmen heimgesucht und zerstört.

Eine **Sage** berichtet, dass schon 1430 an dieser Stelle eine Kirche stand, erbaut aus russischem Holz, das ein vor der Küste gestrandeter schottischer Frachter geladen hatte. Der heutige, 1780 geweihte Bau wurde ebenfalls mit **Balken aus Russland** errichtet, und zwar zunächst um die zerstörte Vorgängerkirche herum. Das Gebäude besitzt noch immer die für diese Zeit typische rote Farbe.

Die **Kreuzkirche** besteht aus vier unterschiedlich hohen Segmenten, in deren Mitte der besagte **Zwiebelturm** thront. Ein Sturm blies diesen anno 1874 zwar vom Dach. Im Zuge einer Restaurierung 1938 wurde er aber wieder an seinen angestammten Platz gesetzt.

Das **Kircheninnere** dominieren ein 1550 gestalteter Kronleuchter mit Doppeladler aus Russland und ein Schiff als Symbol für die Gemeinde. Die Altartafel stammt noch aus der alten Kirche und wurde vermutlich 1765 vom Nürnberger Gottfried Ezechiel geschaffen. Dargestellt ist das letzte Abendmahl, flankiert von Moses mit der Gesetzestafel in der Hand und seinem Bruder Aaron.

In der Umgebung der Kirche sind zudem ein Gemeindehaus, ein Stabbur (Lagerhaus) aus dem 19. Jh. und eine Scheune aus dem 20. Jh. zu finden.

› **Flakstad kirke,** Tel. 76093145, www.fmkirken.no, geöffnet: meist nur im Rahmen von Gottesdiensten

57 Galerie Avkroken ★ [D7]

Die Galerie des **Künstlers Johs Røde** bietet authentische, teils kritische Lofoten-Kunst, die sich facettenreich mit den Themen Natur, Umwelt und Geschichte auseinandersetzt. Der Künstler ist kultur- und sozialpolitisch aktiv. Die einst Lofotkunst genannte Galerie befindet sich auf der **Halbinsel Jusnes** und ist an der Hauptstraße E 10 **ausgeschildert.**

› **Galleri Avkroken,** Jusnes, Tel. 90217009, www.lofoten-info.no/lofotkunst, unregelmäßige Öffnungszeiten (am besten telefonisch anfragen)

039lo-ms

58 Ramberg ★★ [D7]

Ramberg (wörtlich „Rabenberg") zählt zwar gerade einmal 300 Einwohner, ist aber das **administrative Zentrum** der Kommune. Hier gibt es einige Serviceeinrichtungen, einen **Supermarkt**, eine **Tankstelle** und eine Schule.

Die wichtigste Sehenswürdigkeit ist unbestritten der **sagenhafte Sandstrand Rambergstranda.** Ein **phänomenaler Ausblick** auf die knapp einen Kilometer lange Szenerie aus schneeweißem Sand und karibischem Meeresblau vor massiven Lofoten-Felswänden eröffnet sich vom **Parkplatz** am Nordende des Strandes.

Die **Mitternachtssonne** (s. S. 113) kann man auf der **Halbinsel Jusnes** erleben. Die notwendige Dunkelheit für die Beobachtung des **Nordlichts** (s. S. 114) bieten die Straßen in Richtung Nusfjord 59 und Nesland 60.

Infos und Reisetipps

- **Flakstad Turistinformasjon** <131> Flakstadveien 459, Tel. 91320903, geöffnet: tgl. 10–17 Uhr
- **Bus:** In Ramberg hält der Fernbus 300.
- **Fahrradverleih:** Ramberg Gjestegård (s. unten)

Unterkünfte

- **Friisgården** €€ <132> Flakstadveien 422, Tel. 41562281, über Buchungsportale buchbar. Gemütliches B&B in historischem Holzhaus mit viel Flair. Mit angeschlossenem Café.
- **Ramberg Gjestegård** €€-€€€ <133> Flakstadveien 361, Tel. 76093500, www.ramberg-gjestegard.no. Attraktiver und gut ausgestatteter Zeltplatz unmittelbar am Sandstrand mit Hütten, günstigem Restaurant und Fahrradvereih.

Stille und Abgeschiedenheit am Strand von Ramberg

Essen und Trinken

- **Kafe Friisgården** € (s. links), geöffnet: tgl. 12–19 Uhr. Das gemütliche Café der gleichnamigen Unterkunft ist ideal für einen Zwischenstopp. Es gibt auch herzhafte Kleinigkeiten wie Fischburger.
- **Ramberg Gjestegård** €-€€ (s. links), Tel. 76093500, geöffnet: im Sommer Mo–Sa 8–21, So 13–21 Uhr, sonst tgl. 15–20 Uhr. Fischspezialitäten aus der Region. Gute Mittagsangebote, sonntags ab 13 Uhr Buffet.

59 Nusfjord ★★★ [E8]

Das charmante Dorf Nusfjord ist einer der am besten erhaltenen Fischerorte Nordnorwegens. Die farbenfrohen, kleinen Stelzenhäuser entlang des engen Hafenbeckens sind beliebte Fotomotive.

Am Südende der **Bucht Flakstadpollen** zweigt die Straße in Richtung Nusfjord ab. Der Weg führt durch schütteren Birkenwald, vorbei am **See Storvatnet** („Großer See"), durch ein enges Kerbtal zum von steilen Felsflanken eingerahmten **Fjord.** Nachdem man einige Rorbuer passiert hat, ist der (in der Saison kostenpflichtige) **Parkplatz** oberhalb des eigentlichen Ortes erreicht. Schon von hier aus genießt man einen **fantastischen Blick** auf das einmalige Ensemble aus farbenfrohen Holzhäusern vor einer markanten Bergkulisse.

Nusfjord ist tatsächlich **einer der ältesten Fischerorte** der Lofoten. Die 28 um den kleinen Hafen gruppierten Gebäude, bestehend aus Rorbuern, Verarbeitungsanlagen, Trankocherei, Bootshäusern und Krämerladen

040lo-ms

KURZ & KNAPP

Der Draugen von Nusfjord

Ein Mann aus Vefsn ruderte eines Tages von Nusfjord 59 aus zum Angeln hinaus und hatte eine unheimliche Begegnung mit dem **Draugen,** dem gefürchteten **Meerestroll,** dem nachgesagt wird, er hole die Seelen verstorbener Seeleute.

Besagter Fischer trug selbstgestrickte, grau-weiß-schwarze Fäustlinge. Als er seinen Fang an Land zog, kam Blut auf den weißen Teil des Handschuhs. Er wusch das Kleidungsstück, legte es auf einen Stein und hieb darauf ein, damit es schneller trocknete. Kurze Zeit später hörte er ein mächtiges Gebrüll und der großmäulige Draugen erhob sich, denn der Fischer hatte auf seinem Rücken und nicht wie vermutet auf einen Stein geschlagen. Zum Glück war der Draugen so erschrocken vom Tun des Mannes, dass er von Rache absah, sich aufs Meer hinausbegab und fortan nicht mehr gesehen ward.

⊡ *Die farbenfrohen Holzhäuser von Nusfjord 59 an einem goldenen Herbsttag*

(Nusfjord Landhandel, s. S. 71), stammen zumeist aus dem 19. Jh. und sind in ihrer Gesamtheit bewahrt, was durchaus eine Besonderheit darstellt.

Im Jahr 1834 heiratete **Hans Grøn Dahl** die Witwe des verstorbenen Grundstückseigentümers und wurde 1847 alleiniger Besitzer des Ortes. Es begann, wie so häufig auf den Lofoten, eine mehrere Generationen überdauernde Abhängigkeit der Fischer. Dahl seinerseits verdiente gutes Geld, war er doch Gastwirt, Fischkäufer und -exporteur, Rorbuvermieter sowie Bankkaufmann in einer Person. Zu Beginn des 20. Jh. war Nusfjord zu **einer der größten Fischereisiedlungen** der Lofoten angewachsen. Die Bevölkerungszahl stieg von 50 auf 1500 und wuchs zu Zeiten des Winterfangs durch zugereiste Seeleute noch weiter an. Als Unterkunft standen über 100 Rorbuer zur Verfügung.

Mit dem Aufkommen der Trawlerflotten wurde zunächst das Ende Nusfjords eingeleitet. Glücklicherweise konnten viele Gebäude im Rahmen eines europäischen Architekturwettbewerbs 1975 erhalten werden. Von

Vorteil für die nunmehr 30 Einwohner war auch, dass der **Tourismus** anstelle des Fischfangs treten konnte. Etliche der aus heutiger Sicht romantischen Rorbuer werden an zahlungskräftige Gäste vermietet.

Die **beste Aussicht** auf den Nusfjord hat man von den Anhöhen südlich des Hafens. Um die umliegende Natur zu schonen, sollte man für den Aufstieg schon vorhandene Aufstiegspfade nutzen. In Richtung Nesland 60 führt eine gut beschilderte **Wanderung** (s. Wanderung 5 auf S. 99, dort in umgekehrter Richtung beschrieben).

Tipp: Nusfjord ist **im Sommer stark frequentiert,** sodass sich die **Anreise vor 11 Uhr** lohnt, weil es dann noch deutlich ruhiger zugeht. In manchen Jahren ist ein **Eintrittsgeld** zu entrichten, dies variiert. In der Nebensaison kann der Ort gratis besucht werden, dann werden auch keine Parkgebühren verlangt.

Infos und Reisetipps

› **Fahrradfähre:** zwischen Ballstad 53 auf der Insel Vestvågøya (10 Uhr) und Nusfjord (11 Uhr), www.ballstadgutt.no

Unterkunft

› **Nusfjord Arctic Resort** €€€€ <134> Ortsmitte, Tel. 76093020, www.nusfjordarcticresort.com. In den kleinen Robuern von Nusfjord zu übernachten, ist ein einmaliges, wenngleich nicht ganz günstiges Erlebnis. Mit Wellnessbereich. Absolut lohnenswert!

Essen und Trinken

› **Hansines bakeri** € <135> Nusfjordveien 94, geöffnet: 11–15 Uhr. Bäckerei und Café im alten Stil. Sehr *hyggelig*. Und es schmeckt ausgezeichnet!

› **Oriana kro** € <136> Ortsmitte, Tel. 76093020, geöffnet: nachmittags und abends. Leckere Pizza zu fairen Preisen. In einem Gewölbe gelegen.

Einkaufen

› **Nusfjord Landhandel** <137> Ortsmitte, geöffnet: meist tgl. 11–16 Uhr. Der historische Krämerladen im Haupthaus hat geschmackvolle Souvenirs und lokale Produkte im Angebot.

Tierische Verkehrsteilnehmer auf der Straße bei Nesland

041lo-ms

60 Nesland ★ [D8]

Südlich von Ramberg 58 zweigt an einem von den Gezeiten geprägten Flachwasserbereich die Straße nach **Skjelberg** ab. Kurz vor dem Ort lohnt ein Stopp an der **Skulptur „Epitaph“** des japanischen Künstlers Toshikatsu Endo, ein fünf Meter hoher, aus lokalen Steinen zusammengesetzter Turm, der im Kontrast zur umliegenden, ungeordneten Natur steht.

Kurz hinter der sich 2,5 Kilometer weit am Fjord entlangziehenden, von Eigenheimen geprägten Siedlung wird die schmale Straße zur **Schotterpiste.** Diese führt um den 443 Meter hohen **Berg Neslandsheia** herum zu dem in völliger Abgeschiedenheit gelegenen **Doppelort** Vester und Auster Nesland, also „Westliches“ und „Östliches Halbinselland“.

Speziell **Auster Nesland** entwickelte sich ab 1858 durch den Pächter Ole Iver Johansen zu einem bedeutenden **Fischerort** mit zahlreichen Rorbuern und Wirtschaftsgebäuden. Exakt hundert Jahre hatte dieser Bestand, bevor er im Zuge der Ansiedlung von Trawlerflotten in den größeren Häfen der Umgebung dem Niedergang geweiht war. Lange Zeit war die Siedlung verlassen, doch der Tourismus und die Möglichkeit, bei gutem Internetanschluss auch von zu Hause aus arbeiten zu können, ließen Auster Nesland wieder aufleben.

Im Ortsteil Auster Nesland ist die **einzige Wassermühle der Lofoten** erhalten geblieben. Außerdem sind in Richtung Osten, am Hang Richtung Wasser, **Gletschermühlen** *(jettegryter)* zu finden, kreisrunde Aushöhlungen, die während der letzten Eiszeit entstanden sind. Nesland ist Ausgangpunkt für die beliebte **Wanderung nach Nusfjord** 59 (s. S. 99).

Die angrenzende **Skjelfjord** fungierte während des Zweiten Weltkriegs im Zuge des Kampfes um Narvik 1940 als Not- und Reparaturhafen für englische Schiffe.

› **Lofoten Rorbu** €€ <138> Neslandsveien 84, Tel. 90209187. Reizende, moderne Rorbuer mit historischem Flair am Ende der Straße. Buchbar über Buchungsportale.

61 Sund ★★ [D8]

Das Wort **„urtümlich“** könnte im Prinzip für das Dorf Sund erschaffen worden sein. Die Mischung aus sich schwungvoll erhebenden, schroffen Bergen, dem rot-weiß-gelben Stilmix von Holzhäusern unterschiedlichen Erhaltungsgrades, dem ab und zu emporsteigenden Braunkohleduft des Schmiedeofens und dem kreativen Chaos der optisch dominierenden Werft schafft eine durchaus eigenwillige, wie auch **einzigartige Atmosphäre.** Wer sich als Fotograf darauf einlässt, findet zahllose ungewöhnliche Motive.

Sund ist einer der älteren Fischerorte der Lofoten und wurde um das Jahr 1500 herum erstmals erwähnt. Der geschützt gelegene **Hafen** und die angeschlossene **Werft** sind zwar nicht groß, sorgten jedoch dafür, dass es mit dem Ort nicht gänzlich bergab ging. Noch immer wohnen hier ungefähr 100 Menschen.

Bekannt wurde Sund vor rund 130 Jahren durch den **Troll- und Landschaftsmaler Theodor Kittelsen** (1857–1914), der einige seiner bekanntesten Motive für das Buch „Fra Lofoten“ („Von den Lofoten“) eben hier im Ort und in der näheren Umgebung fand.

Die **Buslinie 18-742** fährt unregelmäßig nach Sund.

62 Schmied und Fischereimuseum ★★ [D8]

Ab und zu hängt im Zentrum des Ortes, am Hafen, der **Duft von Kohle** in der Luft. Für den Qualm zeigt sich der **Schmied Tor-Vegard Mørkved** höchstpersönlich verantwortlich, der gerne Schubkarre um Schubkarre „schwarzen Goldes“ in Richtung Ofen transportiert.

Bereits 1947 begann **Hans Gjertsen**, Fischereigegenstände und eine Vielzahl an Motoren zu sammeln. 1963 wurde daraus ein Museum, eingerichtet in historischen Holzhäusern aus dem 19. Jh., mit angeschlossener Schmiede. Berühmt wurde der behände Künstler durch seine **Kormorane**, die noch heute ein Markenzeichen des Ortes sind. Einen von ihnen schenkte er 1963 anlässlich der Eröffnung der Schnellstraße E10 ungefragt König Olav V. mit den Worten: „Entschuldigung, du König. Kann ich dir einen Kormoran überreichen?“

1989 übernahm der neue Schmied die Anlage, die Kormorane sind jedoch geblieben. Angeschlossen ist ein kleines **Sommercafé**.

› **Smeden i Sund/Sund Fiskerimuseum**, Tel. 76093629, www.smedenisund.no, geöffnet: Mitte–Ende Mai u. Mitte–Ende Aug. tgl. 10–16 Uhr, Juni–Mitte Aug. tgl. 10–18 Uhr, sonst nach Absprache, Eintritt: 80 nkr

Unterkünfte

› **Lofoten Sjøhusutleie (1)** €€€ <139> Tel. 90758330, www.lofotencabins.com. Ansprechende, moderne, aber nicht ganz preiswerte Seehäuser/Rorbuer in Sund und Tind. Der Sitz des Unternehmens ist in Leknes.

› **Smivolden Rorbu** €€€ <140> Gammelværet 2, Tel. 93207620, buchbar über Portale. In einem etwas älteren Stil gehaltene, gepflegte Rorbuer.

Moskenesøya

63 Fredvang ★★ [D7]

Seit 1988 ist das 120 Einwohner zählende Fredvang über **zwei Brücken** komfortabel zu erreichen. Da vor dieser Zeitenwende nur ab Ramberg 58 eine Fähre in den Ort führte, gehört das Dorf traditionell zur Kommune Flakstad, wenngleich es bereits auf der Insel Moskenesøya liegt.

Fredvang erstreckt sich teilweise auf einer sandigen Ebene am Ende einer flachen Bucht und besitzt daher relativ große **Landwirtschaftsflächen**, die derzeit noch von rund einem halben Dutzend Bauernhöfen bewirtschaftet werden. Charakteristisch für den Ort sind einerseits der Spitzkegel des 457 Meter hohen **Volandstiden**, der sich im Hintergrund auf der Insel Flakstadøya erhebt, und andererseits die zwei **Sandstrände** (s. S. 74). Der kleine **Hafen** und damit das eigentliche Ortszentrum ist an der Straße in Richtung **Selfjord** zu finden. Unweit des Abzweigs lädt ein schön gestalteter **Rastplatz** mit überdachter Feuerstelle zur Pause ein.

Der **Bus** (Linie 18-771) hält meist nur bei Bedarf, z. B. in der Schulzeit.

› **Lydersen Rorbuer** €€€ <141> Hovdanveien 46, Tel. 92020274, www.lydersenrorbuer.no. Herrlich gelegene, gemütliche Apartments mitten im Ortskern von Fredvang.

64 Lofoten-Torfmuseum ★ [D7]

Bevor die Elektrizität auf den Lofoten Einzug hielt, war Torf die **wichtigste Energiequelle** zum Heizen der schlecht isolierten Unterkünfte. Das auf private Initiative 2003 eröffnete Museum möchte das Wissen über den Naturrohstoff anhand von Gegenständen, Bildern und Modellen mehren. Neben dem **Hauptgebäude** wurden mehrere Häuser aus dem 19. Jh. hierher versetzt und zu einer **Hofanlage** gruppiert. Zu sehen ist auch eine 700 Meter lange **Lastenseilbahn.** Mit ihr wurde der Torf aus den höher gelegenen Mooren nach unten transportiert. Vor der Errichtung der Seilbahn geschah dies unter größten Anstrengungen zu Fuß.

› **Lofoten Torvmuseum,** Indresand, südwestlich der Bucht Yttersanden links abbiegen, Tel. 91676044, www.lofoten-torvmuseum.no, geöffnet: Juni–Aug. tgl. 10–13, 15–17 Uhr, Mai/Sept. auf Anfrage, Eintritt: 20 nkr, erm. 10 nkr

Natur und Strände

Fredvang besitzt zwei Sandstrände, den breiten **Yttersanden,** der die gesamte Bucht einnimmt, und den kleineren **Kolbeinsanden** am Campingplatz (Letzterer ist ausschließlich Gästen des Platzes vorbehalten). Am Westrand des Yttersanden ist ein **Parkplatz** zu finden. Eine ausgeschilderte, einfache **Wanderung** über 1,7 km führt nach Norden zur **Halbinsel Mulstøya** (s. Wanderung 6 auf S. 100).

Die **Mitternachtssonne** (s. S. 113) lässt sich ungestörter in Flakstad [D/E7] oder im Rahmen einer kleinen Wanderung beobachten.

65 Bucht Kvalvika ★★★ [C7]

Die „Walbucht" ist zweifellos die größte Attraktion der Region. Der feine Sand des breiten Strandes steht in scharfem Kontrast zur waldlosen, schroffen Bergwelt mit ihren über 600 Meter hohen Gipfeln.

Kvalvika erreicht man **nur zu Fuß.** Der beste **Ausgangspunkt** ist an der Straße nach **Selfjord** zu finden. Rund drei Kilometer nach dem Ab-

Der Strand von Kvalvika

081lo-nw

zweig in Fredvang 63 ist auf der linken Seite ein kleiner **Wanderparkplatz** angelegt. Für die Tour sollte man **pro Richtung eine knappe Stunde** einkalkulieren.

Zunächst geht es über ein paar sumpfige Stellen bergauf, später im Slalom um Gestein herum. Bis zum **Bergsattel** stellt die Wanderung gar kein Problem dar, auf der Nordwestseite jedoch ist der Hang deutlich steiler und immer wieder stellen sich **Felsbrocken** in den Weg. Diese wollen überwunden werden, was den Gelenken nicht gerade guttut. Auch sollte man unbedingt die Hände zum Abstützen und Festhalten frei haben. Unterwegs bietet sich immer wieder ein **fantastischer Panoramablick** auf die sandige Bucht, die schroffen Berge und die grünen Hänge. Die Tour eignet sich auch für **ältere Kinder,** sofern diese über **Trittsicherheit** verfügen.

In der Bucht angelangt, kann man einen ausgedehnten **Strandspaziergang** unternehmen oder sich, etwas waghalsig an Seilen und Ketten entlanghangelnd, zur **Nachbarbucht Vestervika** vorarbeiten. Kvalvika wird regelmäßig gesäubert, trotzdem kann man dort leider hautnah die **Verschmutzung der Meere** miterleben (s. unten). Im östlichen Bereich ist am Hang eine **Hütte** zu sehen, die die Norweger Inge Wegge und Jørn Nyseth Ranum aus **Treibgut** erbaut haben. Neun Monate verbrachten sie surfend an der Bucht und lebten im Einklang mit der Natur.

Ein **weiterer Einstieg** für eine mittelschwere Wanderung zur Bucht findet sich am Ende der Bucht Yttersanden, nahe dem Hof Landalen. Ab hier sind es hin und zurück 3,6 km (2 Std.). In der Kvalvika-Bucht selbst sind verschiedene Wanderungen ausgeschildert.

Verschmutzung der Meere

Leider wird die Idylle der Bucht Kvalvika 65 mehr und mehr von der Realität eingeholt. Und die Realität heißt Umweltverschmutzung! Dabei geht es nicht um ein bisschen Strandgut. Nein, es geht um Ölfässer, Fischernetze, Dosen und vor allem jede Menge Plastik: Flaschen, Tüten, große, kleine und kleinste Partikel, die sich überall in den Sand mischen und zwischen den Ufersteinen feststecken. Auch Rohre und massive Metallstücke sind zu entdecken.

Die enorme Verschmutzung der Weltmeere lässt sich in der Bucht Kvalvika auf dramatische Art und Weise erleben. Die angeschwemmten Sachen stammen dabei, wie Forschungen ergaben, aus aller Herren Länder, sogar aus Übersee und Asien. Vereine wie **Clean Up Lofoten** kümmern sich um die Reinigung der Strände, stehen jedoch vor einer gewaltigen Aufgabe. Pro Bucht fallen oft mehrere Tonnen Unrat an, die per Boot und Helikopter abtransportiert werden müssen. Der Verein freut sich natürlich über Spenden.

Wichtiger Hinweis: Bitte nehmen Sie stets allen Müll wieder mit, hinterlassen Sie keine Spuren. Bitte helfen Sie dabei, die Strände der Lofoten, speziell Kvalvika, zu säubern. Nehmen Sie eine Mülltüte mit und sammeln Sie vom Meer angeschwemmten Müll ein. Die Natur wird es Ihnen danken. Entsorgungsstellen für Ihren Müll finden Sie auf der folgenden Karte:

› www.cleanuplofoten.no/map

66 Hamnøy und Sakrisøy ★★ [C9]

Um von Flakstadøya nach Moskenesøya oder umgekehrt zu gelangen, muss der **Kåkersund** überquert werden. Seinen Namen hat er vom Wort *kauke,* was so viel wie „rufen" bedeutet und daran erinnert, dass in Zeiten vor dem Brückenbau der Fährmann immer erst herbeigerufen werden musste.

Vorbei an der **Fischaufzuchtsanlage von Mølnarodden** (Mühlenhalbinsel) führt die E10 weiter zum südlichen Ende der Lofoten. Zwischen dem nördlichen Teil der Insel Moskenesøya in der Umgebung von Fredvang 63 und dem südlichen Abschnitt liegen Welten, verkörpert durch teils senkrecht ins Meer abfallende **Felshänge.** An einigen stark von Steinschlägen bedrohten Stellen wurden in den letzten Jahren längere **Tunnel** durch den Berg getrieben. **Fahrradfahrer** können diese auf der alten Wegstrecke umfahren. Am Nordende des 1,4 km langen **Hamnøytunnels** ist ein **Rastplatz** mit WC zu finden.

Angesichts der steilen Abhänge und des Mangels an Bauland ist es verständlich, dass die **Siedlungen** im Südteil von Moskenesøya zu einem guten Teil **auf Inseln angelegt** und die Häuser im Stil von Rorbuern über dem Wasser errichtet wurden.

Hamnøy ist die erste von drei Inselsiedlungen am Rande des weitläufigen **Reinefjords.** Markant eingerahmt wird der 60-Einwohner-Ort von der Kulisse des monolithartigen, 389 Meter hohen **Festhæltinden.** Einen guten Blick auf das zumeist aus neueren Rorbuern bestehende Dorf hat man von der **Parkbucht** auf der Nachbarinsel (Toppøya) aus.

Noch pittoresker als Hamnøy präsentiert sich das **Nachbarörtchen Sakrisøy.** Die beste Sicht auf die markanten ockerfarbenen Gebäude und die zahlreichen hölzernen Trockengestelle hat man von der Rorbuanlage Rostad (Olenilsøy) aus. **Parken** ist am Abzweig vor den weißen Wirtschaftsgebäuden möglich. Sakrisøy ist seit fünf Generationen in den Händen der Familie Gylseth. Neben dem Fischfang setzt man seit einigen Jahrzehnten auch auf Rorbutourismus.

Lofotodden-Nationalpark

Seit 2018 steht der gesamte unbebaute **Nordwestteil der Insel Moskenesøya** unter Schutz. Der **Lofotodden-Nationalpark** [C8] ist der 40. Nationalpark des norwegischen Festlandes und der 48. inklusive Spitzbergen. Er umfasst 86 km² Land- und 13 km² Meeresfläche. Die Initiative für seine Einrichtung ging von den Kommunen Moskenes 70 und Flakstad aus. Anziehungspunkt sind die spektakuläre, unberührte **Küsten-Berg-Landschaft** und 3000 Jahre alte **Höhlenmalereien.** Da die Region schon früh eisfrei war, sind hier zudem einige **seltene Gebirgspflanzen** zu finden. Ferner ist die Region Nistgebiet zahlreicher **Seevögel,** unter anderem des **Seeadlers.**

67 Spielzeugmuseum ★★ [C9]

Schwerpunkt der liebevoll zusammengestellten, privaten Sammlung sind **Puppen** jedweder Form und Ausführung. Doch auch **historisches Spielzeug** kann bestaunt werden. Für Erwachsene kommt dies einer Zeitreise gleich, **Kinder** hingegen wundern sich wohl über das, was ihre Eltern und Großeltern einst so begeisterte.

› **Lofoten Leketøysmuseum/Lofoten Toy Museum,** Sakrisøy, Tel. 90035419, www.sakrisoyrorbuer.no (unter „Activities“/„Lofoten Toy Museum“), geöffnet: tgl. 10–20 Uhr

Infos und Reisetipps

- **Bus:** Der Fernbus 300 hält auf Anfrage.
- **Reine Adventure** <142> Sakrisøy, Tel. 90779814, www.reineadventure.com. Organisierte Wanderungen, Kanu- und Kajaktouren sowie Fahrradverleih.

Unterkünfte

- **Eliassen Rorbuer** €€€ <143> Hamnøy, Tel. 45814845, https://rorbuer.no. Die wohl älteste noch existierende Rorbuanlage, die stets erweitert und ausgebaut wurde. Die Rorbuer sind modern eingerichtet und im typisch norwegischen Holzstil gehalten.
- **Sakrisøy** €€€ <144> Sakrisøy, Tel. 90061566, https://sakrisoy.no. Modern gestaltete, empfehlenswerte Rorbuer mit umwerfender Sicht auf Wasser und Berge. Zugehörig (aber nicht im selben Gebäude): Anitas Sjømat (s. unten).
- **Toppøy Rorbuer** €€€ <145> Sakrisøy, Tel. 90035419, www.sakrisoyrorbuer.no. Herrliche, authentische Anlage, noch dazu sehr fotogen. Traditionelle Rorbuer mit grandiosem Blick. Weitere Rorbuer stehen auf Sakrisøy zur Verfügung.

Essen und Trinken

- **Gadus** €€€ <146> Hamnøya 41, Hamnøy, Tel. 48020045, www.gaduslofoten.no, geöffnet: Di–Sa 19–22 Uhr. In den Kreationen des Gadus vereint sich die italienische Küche mit den Zutaten der Lofoten auf raffinierte Art und Weise.

Einkaufen

- **Anitas Sjømat** <147> Sakrisøy, Tel. 90061566, https://sakrisoy.no/seafood, geöffnet: tgl. 10–18 Uhr, Nebensaison tgl. 11–17 Uhr. Regionale Spezialitäten, schwerpunktmäßig Fisch.

68 Reine ★★★ [C9]

Zwar gibt es keine Statistiken, die dies belegen, doch es spricht vieles dafür, dass Reine der am meisten fotografierte Ort der Lofoten ist. Das Panorama aus roten Holzhäusern, dem Blau des Reinefjords und den gewaltigen Berggipfeln ist einfach unschlagbar.

Rund 3 Milliarden Jahre haben die mächtigen Felsriesen mit den bis zu 730 Meter hohen, sich fast senkrecht aus dem Wasser erhebenden Zinnen „auf dem Buckel“ und wirken noch immer beeindruckend standhaft.

Den zweitbesten Ausblick auf Reine (wörtlich: „Grasland am Meer“) – dieser Punkt ist aber am einfachsten zu erreichen – hat man vom **Aussichtspunkt** am Abzweig in Richtung Ortsmitte. An klaren Tagen baden Häuser und Berge bis 14 Uhr im Sonnenlicht. Später, wenn die Sonne dem Horizont entgegengeht, lassen ihre Strahlen die zackigen Felsen wie einen überdimensionalen Scherenschnitt erscheinen.

Die beste Rundumsicht ergibt sich vom berühmten, 442 m hohen **Berg Reinebringen** (wichtige Infos s. S. 78). Der **Aufstieg** erfordert einiges an Kondition und v. a. Trittsicherheit. Vom Gipfel aus erblickt man den 60 Meter hoch gelegenen **See Reinevatn.** Durch eiszeitliche Gletscher wurde er so tief ausgehöhlt, dass sein Grund nun ganze neun Meter unter dem Meeresspiegel liegt.

Im Jahr 1743 wurde Reine das erste Mal in den Geschichtsbüchern vermerkt. Spätestens seit diesem Jahr kämpft man hier gegen die Unbilden der Natur an, um dem Meer den Kabeljau abzutrotzen. Zu **Stockfisch** (s. S. 106) getrocknet wird er seit alters her auf unzähligen **Gestellen,** die

den 300-Einwohner-Ort nach wie vor deutlich prägen.

Ebenfalls augenfällig ist die schneeweiße **Holzkirche** von Reine. Das Gebäude wurde 1890 erbaut und fasst rund 250 Gläubige.

In Reine halten der **Fernbus** (Linie 300) und die Linie 18-772.

69 Reine-Kulturzentrum – Galerie Eva Harr ★★ [C9]

Das Kulturzentrum ist in der ehemaligen Schule im Zentrum untergebracht. Das Haus beheimatet unter anderem eine **Galerie** mit Bildern von **Eva Harr.** Auch die Werke ihres Mannes **Karl Erik Harr** sind hier zu sehen. Die Grafiken und Gemälde beider Künstler sind absolut sehenswert. Sie geben Leben und Landschaft am Rande des Atlantiks auf eindrucksvolle Weise wieder. Außerdem gibt es einen **Souvenirshop** und ein kleines **Café.**

› **Reine Kultursenter – Galleri Eva Harr,** Ortsmitte, Tel. 76091010, www.reinekultursenter.no, geöffnet: Ende Mai–Ende Aug. tgl. 10–17 Uhr

Natur und Strände

Der **Berg Reinebringen** [C9] bietet den definitiv besten Blick über Reine. Der Aufstieg auf den Berg erfolgt über eine von nepalesischen Sherpas angelegte Steintreppe. Die Tour ist für trittsichere Wanderer geeignet, nicht (!) jedoch für Familien. Aktuelle Informationen sind auf der Facebook-Seite www.facebook.com/reinebringen nachzulesen. Es wird generell dringend davon abgeraten, den Reinebringen bei Schnee, Eisglätte oder starkem Regen zu besteigen. Insofern ist die **Wintersaison tabu.**

Die Wanderung beginnt am **Tunneleingang** der E10, südlich von Reine, wo nur sehr wenige Parkmöglichkeiten bestehen. Am besten parkt man am Abzweig in den Ort und läuft 300 Meter die E10 entlang in Richtung Å. Für die Tour sollten pro Richtung 1½–2 Std. eingeplant werden, je nach Kondition. Der Weg ist gut er-

Die Holzhäuser von Reine vor mächtiger Bergkulisse

kennbar und **sehr steil** (!). Gute Wanderschuhe sind angeraten. Der Aufstieg sollte am Vormittag erfolgen, denn ab 14 Uhr schiebt sich der Schatten des Berges selbst in die Szenerie.

Ein Erlebnis ist die **Fahrt über den Reinefjord** [C9]. Wer möchte, kann diese als Rundfahrt gestalten oder aber in **Vindstad** austeigen und zum magisch gelegenen **Bunesstrand** laufen (knapp 60 Min. pro Richtung). Der weitläufige Sandstrand liegt inmitten hoher Berge und wendet sich direkt dem Nordmeer zu. Hinweis: Die **Fähre** verkehrt nur 2–3-mal pro Tag. Bei schlechtem Wetter muss man sich daher relativ viel Zeit vertreiben.

› **Fähranleger Reinefjorden** <148> MS Fjordkyss, Tel. 99491805, www.reinefjorden.no, www.reisnordland.no/rutetabeller-hurtigbt (unter: Nordre Nordland, Reinefjorden). Die kleine Fähre hat Platz für 30 Gäste. Diese sollten 30 Min. vor Abfahrt am Anleger in der Ortsmitte sein. Abfahrten: Juni–Aug. Mo–Fr täglich drei, Sa, So zwei Abfahrten. Winter/Frühling/Herbst täglich zwei Abfahrten, keine Abfahrten an Feiertagen. Fahrpreis: ca. 250 nkr/Person.

Unterkünfte

› **Catogården** €-€€ <149> Sverdrupsvei 9, Tel. 99223228, www.catogarden.no. Gemütliche Zimmer und ein grandioser Blick zu einem verträglichen Preis.

› **Lofoten B&B** €-€€ <150> Ortsmitte, Tel. 48228334 www.lofotenbedandbreakfast.no. Renovierte, moderne und ansprechende Apartments und Zimmer.

› **Møllers Rorbuer** €€-€€€ <151> Anøya, nördlich der Bucht Reinevågen an der E 10 gelegen, Tel. 90284137, www.rorbulofoten.com. Im alten Stil gehaltene Rorbuer mit traditionellem Charme.

› **Reine Rorbuer** €€€€ <152> am Ende der Straße in der Ortsmitte, Tel. 76092222, www.classicnorway.com/hotels/reine-rorbuer. Wundervolle historische Rorbuer in perfekter Lage. Hotelstandard. Sehr empfehlenswert.

› **Reinebua.no** €€-€€€ <153> Ortsmitte, Tel. 95459610, www.reinebua.no. Stilvoll sanierte Stelzenhäuser zu relativ guten Preisen.

Verlassene Orte

Heute ist nur die Südostküste von Moskenesøya besiedelt. Doch auch an der zerklüfteten, sturmumtosten Nordwest- und Südseite siedelten einst Menschen. Der Grund für das gefahrvolle, meist durch zusätzliche Viehzucht autarke Leben am Rande des Ozeans war wie so oft auf den Lofoten der Dorsch (s. S. 113). Der Weg zu den üppigen Fischgründen war kurz und die Netze konnten mit geringem Aufwand gefüllt werden. Doch in Zeiten effektiv wirtschaftender Trawlerflotten lohnte es sich immer weniger, einen von der Außenwelt abgeschotteten Hof zu betreiben – zumal es an Strom, Telefonleitungen, Straßenverbindungen und schützenden Kaianlagen mangelte und es die Jugend in die Ferne zog.

Zu Beginn der 1950er-Jahre kam es zur Umsiedlung der letzten drei von einst rund einem Dutzend Orten. Kommune und Staat zahlten sogar das Umsetzen ganzer Häuser und boten günstige Kredite. Der Preis für das Leben auf der besser erschlossenen Inselseite war eine größere Abhängigkeit von Großgrundbesitzern. Ein Vorteil lag in der gesicherten medizinischen Versorgung. Die meisten Umsiedler bauten sich in Sørvågen (71) ein neues Leben auf.

Essen und Trinken

- **Bringen** € <154> Ortsmitte, Tel. 76091300, www.facebook.com/bringeninterior, geöffnet: Mo–Sa 10–16 Uhr. Behagliches Deko-Café mit angeschlossenem Interieur-Geschäft.
- **Gammelbua** €€€ <155> Ortsmitte, Tel. 76092222, geöffnet: tgl. 18–22 Uhr. Das Traditionsrestaurant bietet lokale Gerichte.
- **Tapperiet Bistro** €€€ <156> Ortsmitte, Tel. 94133793, https://tapperiet.com, geöffnet: Mi, Do, So 12–23, Fr, Sa 11–1 Uhr. Eine gemütliche Mischung aus Café mit Außensitzplätzen, Pub und Restaurant.

70 Moskenes ★ [C9]

Vier geschützte, optimal am Rande der Fischgründe gelegene **Buchten** sicherten das Überleben der vier nebeneinander liegenden Orte Moskenes, Sørvågen 71, Tind 73 und Å 74. An der nordöstlichen, der größten der vier Buchten, zweigt von der E10 die Reichsstraße 80 ab. Auf 500 Metern Wegstrecke führt diese zum **Fähranleger** und wird erst am 90 Kilometer entfernten, jenseitigen Ufer des mächtigen Vestfjords in Bodø 1 weitergeführt. Gegenüber dem Kai ist die 1821 geweihte **Kreuzkirche** zu finden, der im Jahr 1865 ein schlanker Turm aufgesetzt wurde. Vermutlich weil Moskenes der **traditionelle Kirchort** der Region ist – das erste Gotteshaus stand hier schon im 16. Jahrhundert –, wurde die gesamte Insel nach dieser doch eher **unscheinbaren Siedlung** benannt.

Infos und Reisetipps

- **Moskenes Turistinformasjon** <157> Ortsmitte, Tel. 48079911, geöffnet: tgl. 10–17 Uhr
- **Bus:** In Moskenes halten der Fernbus 300 und die Linien 18–772 sowie 18-742.

Das tragische Leben der Tennes-Kaspara

Oberhalb der Kirche von Moskenes 70, auf dem Kirkehaugen (Kirchhügel), wurde gemäß Überlieferung im Jahr 1814 das letzte Mal in Norwegen ein Mensch zum Tode verurteilt. Bestraft wurde Kaspara Katrine Ingeborg Håkonsdatter, nach ihrem Umzug von Rødøy in Helgeland auf die Lofoten auch Tennes-Kaspara genannt. Sie war, so erzählt man sich, eine schöne und hochgewachsene, mutige und temperamentvolle Frau. Aufgrund übler Nachrede kam sie im Alter von 20 Jahren unschuldig ins Gefängnis. Der Aufenthalt hinter Gittern hinterließ schwere psychische Schäden. Während der entbehrungsreichen Zeit der Napoleonischen Kriege verlor Kaspara zudem zwei Brüder und ihre Schwester. Auf einem Fest anlässlich des Endes der Kampfhandlungen geriet Tennes-Kaspara mit Brakar-Ola, einem Mann aus Hamnøy 66, in Streit, nachdem dieser sich seiner bestialischen Kriegsverbrechen gebrüstet hatte. Rasend vor Wut erschlug sie ihn. Im Vorfeld des Prozesses gestand Kaspara ihrer Mutter die Tötung von fünf unehelichen Kindern, woraufhin sich diese das Leben nahm. Kaspara wurde zum Tode verurteilt und ein paar Tage später hingerichtet. Ihr Geld vermachte sie einer Witwe mit 9 Kindern. Die menschliche Tragik dieser Geschichte wird zuweilen heute noch in der Gemeinde thematisiert.

Unterkunft

› **Moskenes Camping** € <158> Tel. 99489405, www.moskenescamping.no. Kleiner, reizvoller Platz beim Fähranleger. Die Sanitäranlagen sind etwas zu knapp bemessen. Mit Küche und Waschraum. Angeschlossenes Café.

71 Sørvågen ★★ [C10]

Im Vergleich zu Moskenes 70 ist das 450 Einwohner zählende Sørvågen („Südliche Hafenbucht") wirtschaftlich deutlich aktiver. Es ist auf mehreren Hügeln gelegen und gruppiert sich um das Südende des **Süßwassersees Sørvågvatnet** sowie einen natürlichen **Hafen.** Letzterer vermittelt mit seinen Kaianlagen und seinem zum Teil historischen Ambiente den Eindruck eines lebendigen Fischerdorfes. 1906 ging in Sørvågen die **erste drahtlose Telegrafenstation Nordeuropas** und die zweite des gesamten Kontinents in Betrieb (s. Exkurs rechts). Ein Nachfolger des 1941 von Stürmen zerstörten Sendemasts ist auf einer Anhöhe oberhalb des Ortes zu sehen.

72 Norwegisches Telekommunikationsmuseum ★ [C10]

Das Museum dokumentiert die **Geschichte der Telegrafie** (s. Exkurs rechts) im Norden und die Funktionsweise des drahtlosen Kontakts zwischen Schiffen. Die für **technikaffine Geister** hochinteressante Ausstellung wird durch eine Sammlung von elektronischen Geräten wie Mobiltelefonen ergänzt.

› **Telemuseet,** Tel. 99423545, www.museumnord.no/vare-museer/sorvagen-radio, geöffnet: Mai–Mitte Juni, Mitte–Ende Aug. Mo–Fr 11–15, Mitte Juni–Mitte Aug. Mo–Fr 11–16 Uhr, Eintritt: 65 nkr, erm. 35 nkr

Telegraf und Telefon

Im Jahr 1859 wusste Generalpostdirektor Motzfeldt zu berichten, dass sich der Fischfang um 25 % steigern ließe, wenn die einzelnen Orte mit einer Telegrafenleitung verbunden wären. Motzfeldt muss wohl sehr überzeugend gewesen sein, denn die Gelder wurden vom Parlament so schnell bewilligt, dass die Lofotenlinie schon 1861 ausgebaut war.

Diese bestand aus 170 km Land- und Seekabel und stellte die erste Telegrafenleitung außerhalb des Hauptnetzes dar. Fortan konnten die Orte Skrova 22, Brettesnes, Svolvær 13, Ørsvåg bei Kabelvåg 26, Henningsvær 31, Steine, Ballstad 53, Reine 68 und Sørvågen 71 untereinander und mit den Booten auf See kommunizieren. So war es nun möglich z. B. jene Schiffe, die die Köder für die Langleinen an Bord hatten, besser zu dirigieren. Auch wichtige Wettermeldungen erreichten die Seeleute früher.

Von der Telekommunikation abgeschnitten waren jedoch noch immer die Inselgruppen Værøy und Røst, da es technisch eine Herausforderung darstellte, ein Kabel durch den gefährlichen Moskenesstraumen (s. S. 87) zu legen. 1902 machte sich Ingenieur Hermod Petersen mit der Möglichkeit vertraut, die abgelegenen Eilande drahtlos an das bestehende Netz anzubinden. Wiederum bewilligte das norwegische Parlament rasch eine größere Summe für den Probebetrieb. Da dieser positiv verlief, konnte die Funkverbindung zwischen Sørvågen und Røst am 1. Mai 1906 ihren Betrieb aufnehmen. Der damalige Sendemast kam auf eine stattliche Höhe von 50 Metern.

Natur

Wer in Sørvågen am Schild „Holmen“ in die Gegenrichtung abbiegt, gelangt zu einem **Wanderparkplatz.** Nach rund 400 Metern zu Fuß ist ein kleiner **Wasserfall** erreicht, einer der wenigen der Lofoten. Der Weg führt weiter zum **See Stuvdalsvatn** (nochmals 300 m), Endpunkt ist die **Hütte Munkebu** (s. Wanderung 7 auf S. 100).

Auf einem im Winter als **Loipe** genutzten Weg lässt sich ferner der ortsnahe **See Sørvågvatnet** umrunden.

Infos und Reisetipps

- **Lofoten Planet** <159> Moskenesveien 915, Tel. 90562040, www.lofotenplanet.com. Tauchen, Paddeln, Radtouren, Skiausflüge.

Unterkünfte

- **Buodden Rorbuer** €€-€€€ <160> südwestlich des Hafens, von der E 10 nach Klingenberg abbiegen, Tel. 4822833, www.lofotenbedandbreakfast.no. Modern ausgestattete Rorbuer in ruhiger, etwas abseitiger Lage.
- **Lofoten Planet** €€ (s. oben). Gepflegte Zimmer im Basecamp des Tourenanbieters.
- **The Tide** €€€ <161> Besselvågveien 8, Sørvågen, Tel. 76092100, https://thetidelofoten.no. Komfortable Hotelzimmer und Suiten. Authentische Rorbuer mit Charme.

Essen und Trinken

- **Holmen** €€€ <162> südlich der E 10, Tel. 93442301, www.holmenlofoten.no. Urtümliches Restaurant mit ausgezeichneter Küche. Sehr zu empfehlen.
- **Maren Anna** €€€ <163> Gamle Sørvågen 12, Tel. 76092050, www.marenanna.com, geöffnet: 16–21 Uhr. Maren Anna punktet mit guter Küche, v. a. Meeresfrüchten, und einer idyllischen Lage am Hafen.

73 Tind ★★ [C10]

Sprachlich sehr einfallsreich war man im winzigen 30-Einwohner-Ort Tind („Gipfel“) nicht: Er liegt zu Füßen des 490 Meter hohen Berges **Tindstinden** („Gipfelsgipfel“), am **Tindshamna** („Gipfelhafen“), nahe der **Tindsvågen** („Gipfelbucht“), unweit des **Tindsvatnet** („Gipfelsees“) und des **Tindselva** („Gipfelflusses“).

Vielleicht versucht die kleine Siedlung aber auch nur, auf sich aufmerksam zu machen, denn unversehens ist man auf dem Weg nach Å 74 schon an Tind vorbeigerauscht – zu Unrecht, ist doch hier ein **vollständiges Gebäudeensemble aus dem späten 19. Jahrhundert** erhalten geblieben, bestehend aus ockerfarbenen Rorbuern, Anlegestellen, Wohnhäusern, Trankocherei und Lagerhäusern.

- **Lofoten Sjøhusutleie (2)** €€€ <164> Havet 20, Tel. 90758330, www.lofotencabins.com. Moderne Unterkünfte in Tind und zusätzlich in Sund.

74 Å ★★★ [C10]

Die E 10, die Hauptstraße der Lofoten, endet in jenem Ort, der nach dem letzten Buchstaben des norwegischen Alphabets benannt ist: Å, ein Laut, der nach einem kehligen Oh klingt und der gewiss vielen Urlaubern entfährt in Anbetracht der einmaligen Komposition aus Natur und Kultur.

Holz auf Stein: die Rorbuer in Å

Der eigentliche Ursprung für einen der **kürzesten Ortsnamen der Welt** liegt jedoch in dem kleinen **Bach**, der vor der Tunneleinfahrt rechts zu sehen ist. Fließende Gewässer, die im Norwegischen je nach Größe und Länge die Bezeichnung *elv*, *å* oder *bekk* tragen, sind selten auf den Lofoten und daher eine Erwähnung wert.

Nicht immer war Å die **letzte Siedlung der Insel.** Es folgten einst noch Ånstad, Tuv und Hell („Glück"). Da diese jedoch, im Gegensatz zu Å, auf winzigen Ebenen direkt unterhalb der Steilhänge lagen und keinen natürlichen Hafen besaßen, wurden deren Bewohner schließlich umgesiedelt (s. Exkurs „Verlassene Orte" S. 79).

Å beheimatet heute 100 Einwohner und gilt als großes **Freilichtmuseum**, in dem sich die Bevölkerungszahl in den Sommermonaten um ein Vielfaches erhöht. Trotz der **Besucherströme** lohnt sich ein Besuch des malerischen Ortes mit seinen teils über 150 Jahre alten Gebäuden unbedingt.

Der **Fernbus 300** und die Linien 18-772 sowie 18-742 haben in Å ihren Start- bzw. Endpunkt.

75 Norwegisches Fischerdorfmuseum ★★★ [C10]

Das **Freilichtmuseum** widmet sich dem Leben im Fischerdorf Å gegen Ende des 19. Jahrhunderts. In die Anlage integriert sind alle Gebäude, die für die damals rund 90 Bewohner, darunter zehn Angehörige der Großgrundbesitzer und 63 Fischer und Kleinbauern, überlebenswichtig waren. Dazu zählen ein **Bootshaus** mit historischen Nordlandbooten, eine **Trankocherei** für die Veredlung des Fischs und das Auskochen des Trans (s. S. 84), **Rorbuer** als Unterkünfte für saisonal zugereiste Seeleute, Wohnhäuser, eine Schmiede, in der Werkzeug hergestellt und instandgesetzt wurde, ferner Trockenböden, Holzschuppen und ein Postamt. Auch die alte **Bäckerei** ist noch in Betrieb. Darin werden im Sommer in einem historischen Steinofen Brot und köstliche Zimtschnecken gebacken.

Erhalten sind zudem die Gebäude der Eigentümer des Dorfes: der **Familie Ellingsen**, die im „Haupthaus" residierte, erbaut in den 1860er-Jahren im Spätempirestil, und der **Fami-**

044lo-ms

lie Nilsen, die den **Hof Hennumgården** bewohnte. Man lebte damals vergleichsweise autark vom Fischfang auf dem Meer und in den Binnenseen, von den Beeren im Wald und in den Mooren sowie von der Viehzucht. Gehalten wurden Pferde, einige Rinder und vor allem etliche Schafe.

Diverse Aktivitäten und **wechselnde Ausstellungen** beleben das im Dorf befindliche Museum. Für **Kinder** gibt es einen Aktivitätsraum. Angeschlossen sind ein **Souvenirgeschäft** und ein **Café.**

› **Norsk Fiskeværsmuseum,** Ortsmitte, Tel. 99423545, www.museumnord.no/vare-museer/norsk-fiskevaersmuseum, geöffnet: Jan.-Mai Mo-Fr 11-15, Juni-Aug. tgl. 11-18, Sept.-Mitte Dez. Mo-Fr 11-15 Uhr, Eintritt: 110 nkr, ermäßigt und Kinder ab 7 Jahren 80 nkr, unter 7 Jahren gratis. Eintrittskarten können im Servicegebäude am Parkplatz beim Ende des Tunnels erworben werden.

76 Stockfischmuseum ★★ [C10]

Das **private Museum** erläutert anschaulich den komplexen Prozess der Trocknung und Verarbeitung des **Dorschs** (s. S. 113), der ältesten Handelsware Norwegens. Die Geschichte beginnt beim Fang und endet bei der Sortierung des Produkts in verschiedene Qualitätsklassen sowie dem Export in südeuropäische Länder und bis nach Afrika (s. S. 106).

› **Tørrfiskmuseum,** an der E 10, Tel. 76091211, sporadisch im Sommer geöffnet, Eintritt: 60 nkr

Natur

Am **Ortseingang** erstreckt sich der 2,5 km lange **See Ågvatnet** [B10]. Um ihn herum führt ein relativ einfacher, etwas sumpfiger Pfad, bei dem einzelne Steine zu überklettern sind. Einstiege zu der 7,5 km langen **Wanderung,** bei der man trotz mangelnder Beschilderung praktisch nicht verloren gehen kann, befinden sich vor und hinter dem Tunnel. Anstren-

Die Trankocherei

Trankochereien gab es einst viele auf den Lofoten. Die am besten erhaltene und noch dazu öffentlich zugängliche ist in Å 74 zu finden. In dem Haus am Hafen wurde der Fisch zum Trocknen aufgehängt, gesalzen und zu Klippfisch (s. S. 107) verarbeitet. Auch der Rogen wurde mit Salz überzogen und in großen Weinfässern eingelegt.

Aus der Leber wiederum wurde Tran gewonnen. Ursprünglich stellte man Tonnen mit Fischleber einfach in die Sonne, woraufhin das Fischorgan gärte und sich der Tran absetzte. Später ging man zu einer effektiveren Methode über. Das begehrte Produkt wurde in großen Eisentöpfen ausgebrannt. Den daraufhin über den Fischerorten hängenden Gestank kann man sich heute wohl nur noch schwer vorstellen. Die Bewohner nahmen es mit Humor, was blieb ihnen auch übrig. Gemeinhin hieß es: „Es riecht nach Geld."

Verwendung fand der Tran in Lampen und als Farbe – beispielsweise erhielten so die Rorbuer der Lofoten ihr typisches rotes Aussehen –, zum Gerben von Häuten sowie als Nahrungsmittel. Der von dem Apotheker Peter Møller 1854 erstmals kommerziell vertriebene medizinische Lebertran ist noch heute in norwegischen Geschäften zu finden, sehr zum Leidwesen krankheitsgeplagter Kinder, die den üblen Trunk schlucken müssen.

gende Wanderungen führen auf die **Gipfel Mengeldalstinden, Tindstinden und Andstappen** sowie zur **Bucht Stokkvika** an der Westseite der Insel.

Unterkünfte

- **Lofoten Hostel (Vandrerhjem)** € <165> Ortskern, gegenüber Fischerdorfmuseum, Tel. 7609121, https://hihostels.com/hostels/hi-lofoten-a. Die empfehlenswerte, aber hellhörige Jugendherberge besitzt zwei Gebäude. Einfache Zimmer mit Aussicht.
- **Å Rorbuer** €€€, beim Brygga Restaurant (s. unten). Vermietet werden diverse traditionelle, auf Stelzen thronende Rorbuer mit schlichter, moderner Ausstattung.
- **Å-Feskarbrygga Rorbuer** €€€ <166> Ortsmitte, Tel. 91161999, www.aafeskarbrygga.no. Renovierte Apartments und Rorbuer in reizvoller Lage.
- **Å-Hamna Rorbu** €€€ <167> Ortsmitte, Tel. 76091211. Filigran auf den Felsen ruhende, modernisierte und behaglich eingerichtete Rorbuer mit Weitblick.

Essen und Trinken

- **Brygga Restaurant** €€ <168> Ortsmitte, Tel. 76091121, www.arorbuer.no. Restaurant mit lokalen Spezialitäten und Burgern. Unterkunft angeschlossen.

082lo-nw

Boote am See Ågvatnet, den man auf einer schönen Wanderung umrunden kann

Mein Tipp

Höhlenmalereien

Mitte der 1980er-Jahre wurden einige Archäologiestudenten an das **südliche Ende der Insel Moskenesøya** gesendet. Die **Bucht Refsvika** [B10] sollte einmal gründlich unter die Lupe genommen werden. Die Studenten nahmen die Aufforderung sehr wörtlich und untersuchten einen 50 m hohen, 12 m breiten und 115 m tiefen Hohlraum: den **Kollhellaren,** auch bekannt als **Refsvik-Höhle.** Im Licht der Taschenlampen entdeckten sie 21 rund 30–40 cm hohe rote Figuren an den Wänden, die **„Streichholzmännchen“**. Die Überraschung war vor allem bei der lokalen Bevölkerung groß, lebten doch bis 1950 Menschen in und um die Höhle herum, ohne die Malereien bemerkt zu haben.

Datierungen ergaben ein Alter von rund 3000 Jahren. Dargestellt sind in Gruppen zusammenstehende, gemeinsam arbeitende Frauen und vereinzelt „herumirrende“, sich auf der Jagd befindliche Männer. Die Höhle kann im Rahmen von **geführten Ausflügen** (z. B. von Aqua Lofoten, https://aqualofoten.no) besichtigt werden.

Værøy

Die **morastigen Ebenen Værøys** [A13] werden von einem dominanten, bis zu 450 Meter hohen Gebirgssattel durchschnitten. In einer großen Kehre rahmt dieser **Sørland („Südland")**, den **Hauptort** der 17,5 km² großen Insel, ein und schneidet diesen von der deutlich kleineren Siedlung **Nordland** ab, wo auch der ehemalige Flughafen liegt. Erschlossen ist mit 22 km Straße nur der Osten der Insel.

Auf dem **Wappen** Værøys ist ein **Papageitaucher** *(lundefugl)* zu sehen, der im Frühjahr auf den Klippen des Eilandes nistet und sich in dem extrem wechselhaften Wetter der Insel sehr wohl zu fühlen scheint.

Neben Røst hat auch Værøy dank des **Golfstroms** einen ausgesprochen gemäßigten Jahrestemperaturverlauf mit geringen Sommertemperaturen und nur sehr wenigen Frosttagen im Winter.

77 Alte Kirche ★★ [A13]

Nordland ist seit dem 15. Jh. Kirchort der Insel, wobei die Gebetshäuser regelmäßig von Stürmen heimgesucht wurden, zuletzt 1790. Man entschied sich daraufhin, als „neue" Kirche das alte, 1719 erbaute Gotteshaus aus Kabelvåg 26 zu übernehmen. Das **Zwiebelturm-Gebäude** wurde 1799 nach Værøy umgesetzt und um 1900 deutlich erweitert. Das meiste Inventar der Vorgängerkirchen ist im Museum in Tromsø ausgestellt.

› **Værøy gamle kirke,** Nordland, Tel. 76095411, unregelmäßig geöffnet

78 Neue Kirche ★ [A13]

Mit der Verlagerung des Siedlungsschwerpunktes in Richtung Inselsüden wurde der Bedarf nach einem neuen Gotteshaus deutlich. Es wurde schließlich 1939 in **Sørland** eingeweiht. Die **Langkirche** wurde von Harald Sund entworfen und hat 313 Sitzplätze. 1999 wurde eine von Karl Erik Harr (s. S. 78) entworfene Altartafel installiert.

› **Værøy nye kirke,** Sørland, Tel. 76095411, unregelmäßig geöffnet

Der 1880 erbaute Leuchtturm von Værøy, im Vordergrund sind Trockengestelle für Fisch zu sehen

0711o ©harvepino, stock.adobe.com

Der Moskenesstraumen

Mahl- bzw. Gezeitenströme werden von den Gezeiten, also dem Wechsel von Ebbe und Flut, angetrieben, wobei das Wasser durch Meeresengen gedrückt wird.

Der Moskenesstraumen [A/B11] zwischen Værøy und der Insel Moskenesøya gilt neben dem Saltstraumen bei Bodø 1 als einer der stärksten Gezeitenströme der Welt. In dem 40 bis 60 Meter tiefen und sieben bis acht Kilometer breiten Sund zwischen dem nördlichen Atlantik und dem Vestfjord strömt das Wasser mit durchschnittlich 6 Knoten (ca. 10 km/h).

Eine alte Sage berichtet, dass die sich gegenläufig drehenden Strudel von einem alten Streit zwischen dem Værøymann und seiner Frau Moskenes herrühren. Eines Tages, im Mondschein, sah Moskenes die (schon aus anderen Sagen wohlbekannten) Sieben Schwestern im Meer herumirren. Aus Angst, sie könnten ihr Fisch stehlen, schickte sie den Værøymann los, die Schwestern zurechtzuweisen. Die nicht auf den Mund gefallenen Schwestern erzählten ihm jedoch, sie würden ihre Mondkrone suchen, was der Værøymann, der sich angesichts ihrer Schönheit leicht um den Finger wickeln ließ, ihnen abkaufte. Er begann mitzusuchen und als er nach langer Zeit wieder zu Hause erschien, fand er seine Frau rasend vor Wut vor. Sie jagte ihn vor die Tür und schloss ab. Am nächsten Morgen durfte der Gatte zwar eintreten, doch noch immer schäumend vor Ärger begann sie, in der Grütze, die auf dem Herd stand, wild mit dem Kochlöffel herumzurühren. Aus Angst, er würde nie wieder einen Happen abbekommen, begann der Værøymann ebenfalls zu rühren: mit einem Stock, und zwar in die Gegenrichtung. Irgendwann beruhigte sich das Ehepaar, wobei das Schauspiel jedes Mal, wenn der Vollmond leuchtet, von Neuem beginnt.

Glaubt man hingegen der Edda und einer von den norwegischen Brüdern Asbjørnsen und Moe niedergeschriebenen Erzählung, so soll es eine über Bord gegangene Zaubermühle sein, die hier seit Urzeiten auf dem Meeresgrunde Salz mahlt, denn ihr Eigentümer, ein geldgieriger Schiffer, wusste zwar, dass man sie mit den Worten „Mahle Salz, aber schnell und viel!" in Gang bekommt, doch nicht, wie man sie wieder abstellt.

Der schwedische Bischof und Geograph Olaus Magnus (1490–1557) vermutete hinter dem Phänomen dagegen ein Meeresungeheuer und noch im 18. Jh. wurde gemunkelt, es gäbe einen unterirdischen Tunnel, der die Strömung antreibe, bis letztlich 100 Jahre später die ersten wissenschaftlichen Abhandlungen folgten und dies widerlegten.

Bereits Pytheas von Massila (350–285 v. Chr.) war der Moskenesstraumen bekannt. Der Strudel war zwischen dem 16. und 19. Jahrhundert Thema zahlloser Abhandlungen und kartografischer Werke. Der berühmte US-amerikanische Autor Edgar Allen Poe widmete ihm sogar eine Erzählung (s. S. 125). Die Macht des Stromes wurde freilich häufig ins Maßlose übertrieben, sehr zum Ärger der Anwohner, die den Strudel zwar respektierten, doch nicht fürchteten und ihn gerne von höher gelegenen Stellen aus beobachteten. Einer von ihnen weiß zu berichten: „Also, der Moskenesstraumen, der war unser Fernseher, als wir klein waren."

Natur und Strände

Strände sind in jeder Himmelsrichtung zu finden. Besonders schön ist jener in der **Bucht Måstadvika.** Auf diese Bucht und die malerische **Halbinsel Månesodden** genießt man einen besonders spektakulären Blick, wenn man sich auf den 438 Meter hohen **Berg Håen** begibt. Die Insel Værøy eignet sich an etwas windstilleren Tagen sehr gut zum **Radfahren** (s. S. 101).

Infos und Reisetipps

- **Værøy Turistinformasjon** <169> Rathaus (rådhuset), Tel. 75420600, geöffnet: Jan.–Mitte Juni u. Sept.–Dez. Mo–Fr 9–14 Uhr, Mitte Juni–Ende Aug. Infostelle am Fähranleger, Mo–Fr 9.30–15 Uhr, Tel. 75420614
- **Fähre:** Anleger in Sørland mit Anbindung an Bodø 1 und Moskenes 70 2-3-mal tgl., Infos: www.torghatten-nord.no
- **Fahrradverleih (Sykkelutleie) Kiosken** <170> Sørland 46, Tel. 90779913, geöffnet: im Sommer Mo–Fr 19.30–22.30, Sa, So 18–22.30 Uhr, 200 nkr/Tag, 50 nkr/Stunde

Unterkünfte

- **Bensvik Brygge** €€ <171> Havneveien 30, Tel. 90036246, www.bensvikbrygge.no. Apartments direkt am Hafen.
- **Sjybrygga** €€ <172> Havneveien, unweit des Fähranlegers, Tel. 90051419, www.sjybrygga.no. Schlichte, ordentliche Zimmer. Ideal für Angler.
- **Værøy Gamle Prestegård** €€ <173> Nordlandsveien 50, Tel. 76095411. Reizende Unterkunft im alten Pfarrhof.

Einkaufen

- **Coop Prix Supermarkt** <174> Sørland, geöffnet: Mo–Fr 9–19, Sa 9–18 Uhr

Røst

Näher als auf **Røst** kann man in Norwegen dem **offenen Atlantik** nicht kommen. 10,13 km² klein ist die Inselgruppe, die exakt so viele Eilande umfasst, wie das Jahr Tage hat, nämlich 365. Für die **Hauptinsel Røstlandet** lauten zwei weitere Kennzahlen 11 und 100. Die erste gibt die maximale, in diesem Fall erstaunlich geringe Höhe über dem Meeresspiegel an, die zweite ist eine Schätzung und benennt die Anzahl der kleinen bis kleinsten **Binnenseen,** die die ebene, morastige Landschaft der „Niederlande im Nordmeer" durchziehen.

Der Name Røst leitet sich vom altnordischen Wort *røst* ab, das für **„Mahlstrom"** steht. Die **Anlegestelle** und das kleine wirtschaftliche Zentrum der Insel sind im Südwesten angesiedelt. Dort stehen auch die zahlreichen **Gestelle für den Dorsch** (s. S. 106), der in der milden Seeluft besonders gut trocknet. Die meisten der 500 Einwohner leben auf Røstlandet. Ihre Häuser ver-

KURZ & KNAPP

Die Pinguine von Røst

Røst ist als **Vogelparadies** bekannt. Warum man hier im Nordatlantik unter der Regie des Naturschutzverbandes **Königspinguine aus dem Südatlantik** aussetzen musste, wird wohl ein ewiges Rätsel bleiben. Tatsache ist, dass genau dies 1936 geschah. Der erste Versuch scheiterte, die Vögel überlebten nicht. 1938 nahm man das Projekt erneut in Angriff, diesmal mit **Goldschopf- und Brillenpinguinen.** Die letzten Tiere wurden 1954 in Hamarøy auf dem Festland gesichtet. Seither sucht man sie vergebens.

Norwegischer Lundehund

Der kleine Norwegische Lundehund wurde speziell zur Jagd von Papageitauchern (norweg. „lunde“ bzw. „lundefugl“) gezüchtet. Lundehunde sind rund 38 cm groß und nur 7 kg schwer. Ihr Fell ist rot-bräunlich und mit Weiß durchsetzt. Die Pfoten haben sechs Zehen. Erste schriftliche Quellen erwähnen die heute sehr seltene Hunderasse im 16. Jahrhundert. Noch im 19. Jahrhundert gab es Züchtungen auf den Inseln Lovund, Røst und Værøy. Die Verwendung von Netzen für den Vogelfang führte jedoch nahezu zum Aussterben der Lundehunde. 1940 gab es in Måstad auf Værøy nur noch 50 Exemplare, die im Laufe eines Jahres an Parvovirose verstarben. Zum Glück hatte Eleonora Christi 1939 einen Rüden und drei Hündinnen erworben, um diese in Hamar in Südnorwegen zur Züchtung weiterer Exemplare zu nutzen. Von ihren 60 Hunden verstarben aber 59, und zwar wieder an Parvovirose. Es war ein Glücksfall, dass zuvor einige Hunde wieder nach Værøy gebracht worden waren. Zusammen mit dem überlebenden Hamarer Rüden bilden sie die Grundlage für den heutigen Bestand.

teilen sich über die Ebene im Südosten der Insel. In entgegengesetzter Richtung, auf der landfesten **Insel Grimsøya,** wird noch heute **Eiderentenzucht** betrieben. Deren Daunen finden sich in so manchem molligen Kissen wieder.

2,6 km nordöstlich des **Fähranlegers,** neben den Verwaltungsgebäuden der Insel, steht die 1899 erbaute **Kirche.** Ihr größter Schatz ist ein um 1520 geschaffener Altarschrank. Die Ruinen eines 1839 errichteten Vorgängerbaus sind entlang der Querstraße im Norden der Insel zu finden. Die Türme zweier „vom Winde verwehter“ Kirchenbauten sind auf den Friedhöfen nahe dem Flughafen zu finden.

Das älteste profane Gebäude ist das Haupthaus des **historischen Handelshofes Bryggen** unweit der Kirche. Gegründet wurde Bryggen Ende des 19. Jahrhundert von Jacob Kristiansen. Neben einem Kai *(brygge)* und dem Haupthaus gab es einige Rorbuer, einen Krämerladen und eine Post. Die Anlage wird heute als **Museum** genutzt, hat aber nur sehr unregelmäßig und selten geöffnet.

Ein ähnliches Alter wie Bryggen hat der norwegenweit **bekannte Leuchtturm Skomvær fyr:** 1887 erbaut, markiert er den Beginn des mächtigen Vestfjords.

Natur

Die drei sehr einfachen **Wanderwege** der Hauptinsel sind gekennzeichnet und beginnen an der Kirchenruine (0,5 km lang), an der Feuerwache am Flughafen (3,5 km lang) und am Ende des Klakkveien (1,5 km lang).

Die flache, allerdings häufig von Winden heimgesuchte Insel eignet sich gut zum **Radfahren.**

Besonders beliebt ist Røst bei **Vogelfreunden.** Geeignete Beobachtungsstellen liegen im Norden und Osten der Hauptinsel sowie auf den bergigen Eilanden Vedøya und Storfjellet.

Pietro Querini

Verheißungsvoll und magisch zugleich ragen die Inseln von Værøy und Røst aus dem Nordmeer. Für Touristen bedeuten sie Ruhe und Erholung, für den venezianischen Kaufmann und Adligen Pietro Querini versprachen sie 1432 die Rettung. Er und seine Mannschaft hatten die Insel Kreta im Mittelmeer mit dem Ziel Flandern verlassen, als sie im Ärmelkanal von einem Unwetter überrascht wurden. Sie retteten sich in zwei kleine Boote und trieben gen Norden. Nach vielen Wochen erreichten sie schließlich die zu Røst gehörende Insel Sandøya. Nur noch elf der ursprünglich 68 Mann waren am Leben.

Querini, einer der wenigen Überlebenden, berichtete hernach vom Leben am „culo mundi", am „Ende der Welt": „Die Männer auf diesen Inseln sind meist makellose Menschen und haben ein schönes Aussehen, das Gleiche gilt für ihre Frauen. Sie sind so vertrauensvoll, dass sie sich nicht darum kümmern, etwas abzuschließen, nicht einmal auf ihre Frauen passen sie auf. Das war leicht zu beobachten, denn im gleichen Raum, in dem Mann und Ehefrau und Kinder schliefen, wohnten auch wir, und in unserem Beisein zogen sie sich aus, wenn sie ins Bett gehen wollten."

Infos und Reisetipps

- **Røst Turistinformasjon** <175> Rathaus (rådhuset), Tel. 76050500, geöffnet: Mo–Fr 9–14 Uhr, im Sommer am Fähranleger zu finden (Tel. 45492186)
- **Fähre:** Anleger im Südwesten von Røstlandet mit Anbindung an Bodø 1 und Moskenes 70 2–3-mal tgl., Infos: www.torghatten-nord.no
- **Fahrradverleih:** Røst Bryggehotell (s. unten)

Unterkünfte

- **Fiskarheimen Havly** €€ <176> Tyvsøyveien 3, Tel. 48854620. Zweckmäßiges und sauberes christliches Hotel.
- **Kaikanten** €€-€€€ <177> nahe dem Anleger, Tel. 76301003, https://kaikant.no. Angenehme und gepflegte Unterkunft mit Hütten und Restaurant.
- **Røst Bryggehotel** €€€ <178> nahe dem Anleger, Tel. 76050800, www.rostbrygghotell.no. Erstes Haus am Platz mit sanierten Zimmern. Mit Fahrradverleih.
- **Røst Havfiske Camping** € <179> Vassnesveien 10, Tel. 99258348, www.rosthavfiske.no. Einfache Anlage auf Færøya, 1,6 km nordöstlich des Fähranlegers.

Essen und Trinken

- **Querini Pub og Restaurant** €€ <180> Klakkenveien 1, Tel. 93007458, www.facebook.com/querinipubogrestaurantrost, geöffnet: Mi–So 13–2 Uhr. Pub, Konzertsaal und gutes Restaurant in einem.

Einkaufen

- **Joker Supermarkt** <181> Gleaveien 8, geöffnet: Mo–Fr 9–18, Sa 10–15 Uhr

045lo ©Kotangens, stock.adobe.com

Angeln

Die Lofoten zählen zweifellos zu den **besten Angelgewässern Europas.** Die **Buchung** einer Angelfahrt sollte direkt über **zertifizierte Anbieter** erfolgen. Man sollte auf ein ausreichend großes Boot mit guter Motorisierung achten. Bei schlechtem Wetter und ungünstiger Vorhersage sollte man auf eine Ausfahrt verzichten. Angesichts des **rauen Klimas** ist auf warme und vor allem wasserdichte Kleidung zu achten. **Schwimmwesten** sind Pflicht. Die beste **Saison** ist zwischen März und September.

Häufig gefangene **Fischarten** im „Paradies für Meeresangler" sind Köhler, Dorsch (s. S. 113), Steinbeißer, Heilbutt und Pollack. Besonders gute Fänge sind in den **Mahlströmen (Gezeitenströmen)** der Inselgruppe möglich, etwa im **Nappstraumen** [E6/7].

Wer mindestens sieben zusammenhängende Tage in Norwegen bei einem registrierten Touristenfischereibetrieb verbracht hat, darf 20 Kilogramm Fisch ausführen. Ist die Anlage hingegen nicht zertifiziert, dürfen nur zehn Kilo in die Heimat mitgenommen werden. Die **Zollbestimmungen** betreffen nur **Salzwasserfische.**

Empfehlenswerte **Anbieter** für Anglerunterkünfte sind beispielsweise Lofoten Rorbuopplevelser (s. S. 56) in der Nähe von Leknes 45, Lofotfiske (s. S. 34) in Skrova 22, Hemmingodden (s. S. 64) in Ballstad 53 oder Sjybrygga (s. S. 88) auf der Insel Værøy.

Vorseite: Die Lofoten bieten zahllose Möglichkeiten zum aktiven Erleben der Inselwelt

Fisch- und Walfang auf den Lofoten

Wie archäologische Funde zeigen, wusste man schon vor 6000 Jahren, dass das Meer vor der Küste der Lofoten im Winter vor Fisch nur so wimmelt und so manchen guten Fang bereithält. Ein bedeutender Wirtschaftsfaktor wurde der Handel mit getrocknetem Kabeljau (s. S. 113) jedoch erst unter Wikingerkönig Øystein im 11. Jh. Die Kontrolle von Verkauf und Export übernahm zwischen dem 14. und dem 19. Jh. das hanseatische Kontor in Bergen. Die Kaufleute, im Norwegischen auch „utreder" („Erklärer") genannt, tauschten die „Früchte des Meeres" gegen Dinge des täglichen Bedarfs ein.

Erst mit dem Zusammenbruch des Hansekontors in Bergen konnten sich ab 1813 lokale Fischhändler behaupten. Wer Geld zur Verfügung hatte, erwarb großflächig Land in den Dörfern und begann, Rorbuer und Trockengestelle zu bauen und zu vermieten. Die Position der Großgrundbesitzer wurde zunächst durch das Lofotengesetz von 1816 gestärkt. Letztlich wurde 41 Jahre später in einer revidierten Fassung der freie Fischfang unter staatlicher Aufsicht zur Norm.

Im Rekordjahr 1947 wurden 147.000 Tonnen Fisch an Land gezogen, mehr als doppelt so viel wie heute. Noch zu Beginn des 20. Jh. kamen zwischen Januar und April bis zu 32.000 Saisonfischer auf die Lofoten. Die Einwohnerzahl der Inselgruppe stieg um ein Vielfaches an und so manche Siedlung verzeichnete deutlich mehr Boote als Häuser. Die Unterbringung erfolgte in Rorbuern. Wer wenig Geld hatte, nächtigte unter auf den Kopf gestellten Ruderbooten. Auf den Märkten, etwa in

046lo-ms

Svolvær 13, wurde gehandelt, wobei nicht nur Fisch, sondern auch Branntwein, Kleidung und Schuhe den Besitzer wechselten. Karussells, Fotografen und Damen des ältesten Gewerbes der Welt sorgten für Zerstreuung.

Der Lofotenfischfang belebt auch heute noch die Siedlungen, wenngleich deutlich weniger als noch vor 100 Jahren. Effektivere Fangmethoden und größere Trawlerflotten machen die Anwesenheit von nur noch rund 2000 Fischern notwendig. Doch selbst wenn zunehmend frischer Dorsch in den Export gelangt, Tausende Fische sind auch heute noch zum Trocknen auf den Gestellen zu sehen (s. S. 106).

Auch Walfang wurde in den Gewässern rund um die Lofoten betrieben. Quellen berichten, dass dies bereits im 9. Jh. vor der Küste Norwegens geschah. Mit dem Einzug moderner Dampfschiffe und der durch Svend Foyn entwickelten Harpunenkanone begann im 19. Jh. die Epoche des kommerziellen Walfangs. Dieser hatte in Norwegen in den nahe Oslo gelegenen Orten Tønsberg und Sandefjord seinen Ausgangspunkt. Die industrielle Jagd bescherte den Tieren nahezu die Ausrottung. Das 1946 in Kraft getretene „Internationale Übereinkommen zur Regelung des Walfangs“ soll die Tiere eigentlich schützen, aber Norwegen erkennt das Walfangverbot mit dem Verweis auf die eigene Walfangtradition nicht an.

Die jährliche vom Staat festgelegte Fangquote beträgt rund 1200 Tiere, wobei weniger als 400 Exemplare von zwölf zugelassenen Booten erlegt werden. Dabei handelt es sich um nicht im Bestand gefährdete Zwergwale, von denen es rund 100.000 im mittleren und nördlichen Atlantik gibt.

Da es für das Walfleisch keine Nachfrage und damit keinen Markt gibt, weder als Nahrungsmittel, noch für die Herstellung von Tran oder Nitroglycerin, wäre die Einstellung des Fangs der hochentwickelten Säuger aus ökonomischen und ökologisch-ethischen Gründen sinnvoll.

Typisches Bild im Winter und im Frühling: Trockengestelle mit Stockfisch

Baden

Angesichts der wundervollen, fast karibisch anmutenden **Strände** könnten die Lofoten ein Badeparadies sein. Durchschnittliche **Wassertemperaturen** von lediglich 10 bis 14 °C zwischen Mitte Juli und Anfang August verleiden jedoch das Badevergnügen. Mit etwas Glück heizt sich jedoch das Wasser in geschützten Buchten der Südostseite in warmen Sommern bis auf 18 °C auf. Empfehlenswert für einen Badeversuch ist der **Strand Rørvikstranda** [J5] am Abzweig nach **Henningsvær** 31. **Schwimmhallen** gibt es in Leknes 45 und Svolvær 13:

› **Lofothallen** <182> Lekneskroken 7, Leknes, Tel. 76081958, www.lofothallen.no, geöffnet: Mo–Fr meist 17–21, Sa 11–15, So 12–16 Uhr
■ **Svolvær svømmehall** <183> Storgata 29, Rådhuset, Tel. 76072075, geöffnet: meist Mi–Fr 17–19/20 Uhr

Wassersport

Kanu-, Kajak- und Bootfahren

Kein Zweifel, die Lofoten sind am besten vom Meer aus zu erleben. Für eine **Paddeltour** sind am besten die etwas **stilleren Buchten der Südostseite** geeignet. Touren sind im Sommer und, dank des Golfstroms, auch im Winter möglich. Warme Kleidung und Rettungswesten sind in jedem Fall ein Muss.

Geeignete **Reviere** sind die Region Henningsvær 31, die Umgebung von Fredvang 63, der Reinefjord [C9] und der Skjelfjord [D8]. Eine besondere Herausforderung stellt das Durchpaddeln der **Mahlströme (Gezeitenströme)** dar.

Mit dem **RIB-Boot** (Festrumpfschlauchboot) lassen sich sowohl der Raftsund 12 als auch die Gezeitenströme auf abenteuerliche Art erkunden.

Motorboote verschiedener Größe und Motorisierung können bei diversen Anbietern angemietet werden. Für Fahranfänger empfehlen sich kurze Touren bei gutem Wetter in Küstennähe am Südostufer der Lofoten. Rettungswesten sind Pflicht.

⊻ *Unterwegs am Strand von Gimsøya [I/J3]*

047lo-ms

048lo ©Winfried Rusch, stock.adobe.com

Empfehlenswerte **Anbieter** sind:

- **Lofoten Aktiv** (s. S. 41) in Kabelvåg 26
- **Lofoten Diving** und **Hattvika Lodge** (beide s. S. 64) in Ballstad 53
- **Lofoten Explorer, RIB-Lofoten** und **XXLofoten** (alle s. S. 32) in Svolvær 13
- **Reine Adventure** (s. S. 77) auf der Insel Sakrisøy 66
- **Unstad Arctic Surf** (s. S. 53) in Unstad 43

Surfen und Wellenreiten

Da die Wellen die Lofoten mit nahezu ungehinderter Wucht erreichen, ist Surfen an verschiedenen Stränden der Nordwestküste möglich. Ein internationales **Surfzentrum** konnte sich im kleinen Ort **Unstad** auf der Insel Vestvågøya etablieren; als Anbieter ist hier Unstad Arctic Surf (s. S. 53) zu empfehlen.

Tauchen

Die **Unterwasserwelt** der Lofoten ist mit ihren Kaltwasserkorallen, Seesternen, Krabben und der artenreichen Fischwelt erstaunlich abwechslungsreich. Angesichts der Meerestemperaturen von nur rund 10 °C ist ein **Neoprenanzug** selbstverständlich eine Voraussetzung.

Das **Tauchzentrum** der Eilande ist im Ort **Ballstad** auf Vestvågøya zu finden. Hier ist etwa der Anbieter Lofoten Diving (s. S. 64) angesiedelt. Auch Lofoten Planet (s. S. 82) in Sørvågen 71 bietet Tauchtouren an.

Surfer in Unstad 43 auf dem Weg ins kalte Nass

Wandern

Die Lofoten bieten auf allen Inseln eine schier **unendliche Fülle von Wanderzielen**, vor allem zu den Gipfeln der zahlreichen Erhebungen. Allerdings sind noch immer nur wenige Wege gut oder überhaupt ausgeschildert. Es lohnt sich daher, **Streckenbeschreibungen** vorab zu recherchieren, z. B. auf den folgenden Websites bzw. mit geeigneten Smartphone-Apps:

- www.rando-lofoten.net
- www.outdooractive.com
- www.outtt.com
- **empfehlenswerte Apps:** Outdooractive, Bergfex und Outtt

Da das **Wetter** auf den Lofoten äußerst **wechselhaft** ist, sollte man bei Gipfeltouren entsprechend vorsorgen: Regendichte Outdoorkleidung, ausreichend Verpflegung und Wanderkarten gehören in jedem Fall ins Gepäck. Abgesehen von leichten Strandspaziergängen und Ortsrundgängen sind gute Wanderschuhe ein unbedingtes Muss.

Familienfreundliche, einfache Touren führen an der Küste entlang, zum Beispiel zwischen Nesland 60 und Nusfjord 59.

Im Folgenden werden sieben empfehlenswerte Wanderungen auf den Lofoten vorgestellt. **Weitere Wanderungen** finden sich jeweils unter „Natur und Strände“ bei den Ortsbeschreibungen zu Fredvang 63, Reine 68 und Å 74 im ersten Teil des Buches.

Hinweis: Viele Wanderungen sind erst **ab Anfang Juni** möglich. Zudem muss nach Regenfällen mit stark morastigen Stellen gerechnet werden.

Wanderung 1: Zu Frosch und Ziege in Svolvær

Ziel dieser Wanderung ist der **Berg Fløya**, von dem man einen **fantastischen Panoramablick** genießt. Unterwegs kann man die Hörner der **Svolværgeita** (s. S. 28) und die **Felsformation Frosken (Frosch)** bewundern. Die Ziege erspäht man rechter Hand, auf den Frosch läuft man direkt zu. Zur Svolværgeita kann man einen **Ab-**

- **Charakter:** mittelschwere Tour auf deutlich sichtbarem, ausgetretenem Pfad. Festes Schuhwerk angeraten.
- **Start- und Endpunkt:** Svolvær 13, am Kindergarten (barnehage) im Blåtindveien [L5]
- **Länge:** 3,4 km
- **Dauer:** ca. 2 Std. pro Richtung
- **Höhenunterschied:** 570 m
- **Einkehr:** am Ende der Tour in den Lokalen im Stadtzentrum von Svolvær (Tipps: s. S. 33)
- **Anfahrt:** Mit dem Auto biegt man von der E 10 in Richtung Melkerdalen/Nybyen ab und fährt dann nach rechts und sofort wieder nach rechts. Nach wenigen Metern zweigt links der Blåtindveien ab. Parken ist in den umliegenden Straßen möglich. Bushaltestelle im Zentrum.

stecher unternehmen. Vom Besteigen der zwei Hörner wird ohne Klettererfahrung und Kletterausrüstung aber dringend abgeraten.

Eine **Zwischenstation** im oberen Bereich ist das **Teufelstor (Djevelporten)**, ein zwischen zwei Bergen eingeklemmter, nahezu freischwebender Felsbrocken. Wer es sich zutraut und große Vorsicht walten lässt, kann diesen besteigen.

049lo ©Nick Fox, stock.adobe.com

Routenverlauf im Inselplan

Die hier beschriebenen Wanderungen sind im Inselplan markiert.

Der **Weg** zum Fløya ist gut erkennbar, allerdings zum Teil recht **steil.** An einigen Stellen ist der Pfad mit **Ketten** gesichert. Ab und zu muss man über Felsgestein klettern und einige morastige Stellen durchqueren. Am Ende geht man **auf demselben Weg zurück** zum Startpunkt.

Wanderung 2: Von Eggum nach Unstad

Die Tour kann vom 23. Mai bis 18. Juli bei gutem Wetter auch im Schein der **Mitternachtssonne** (s. S. 113) unternommen werden. Die etwas an-

- **Charakter:** mittelschwere Wanderung
- **Start- und Endpunkt:** Rastplatz Borga 41
- **Länge:** 9 km
- **Dauer:** ca. 2½ Std. pro Richtung
- **Höhenunterschied:** 120 m
- **Einkehr:** unterwegs keine Einkehrmöglichkeit, daher ausreichend Proviant und Wasser mitnehmen
- **Anfahrt:** mit dem Auto von der E 10 auf Vestvågøya nach Eggum abbiegen und an der Mautstation oder am Rastplatz parken

Blick vom Berg Reinebringen auf Reine 68

spruchsvollere, aber dennoch auch für **Familien mit Wandererfahrung** geeignete Strecke ist absolut lohnenswert, jedoch etwas schwerer, als es am Anfang aussieht, da sie eine Weile an einem **Hang** entlangführt. Ab und zu muss man größere **Geröllfelder** überwinden, **stark morastige Stellen** durchqueren und sich durch **Farnwälder** schlagen. Dabei überquert man eine kleine Landzunge.

Der Weg ist nicht markiert, aber gut erkennbar. Im Prinzip folgt man immer der **Küstenlinie.** Ausgehend von Eggum 40 passiert man zu Beginn die **Skulptur „Hode"** 42, Ziel ist der **Strand in Unstad** 43. Am Ende geht man **auf demselben Weg zurück** zum Ausgangspunkt.

Wanderung 3: Von Strand zu Strand – Haukland bis Uttakleiv

Die Wanderung verläuft auf einem alten **Fahrweg** (Uttakleivveien). Er führt um den Berg Veggen („Die Wand") herum. Der Pfad beginnt am **Strand von Haukland**, folgt dem **Küstenver-**

- **Charakter:** einfache Tour auf deutlich sichtbarem Weg, auch von Kindern gut zu bewältigen
- **Start- und Endpunkt:** Strand von Haukland 44, Parkplatz am nördlichen Ende [F5]
- **Länge:** 9 km
- **Dauer:** ca. 2½–3 Std.
- **Höhenunterschied:** 100 m
- **Einkehr:** unterwegs keine Einkehrmöglichkeit, daher ausreichend Proviant und Wasser mitnehmen
- **Anfahrt:** mit dem Auto von der E 10 nahe Leknes 45 in Richtung Haukland/Uttakleiv abbiegen

Nicht viele Wanderungen auf den Lofoten sind gut ausgeschildert. Eine Ausnahme bildet die Route zwischen Haukland 44 und Uttakleiv [F5]

050lo-ms

lauf erst nach Westen und dann nach Norden und endet am **Strand in Uttakleiv** [F5]. Unterwegs eröffnet sich ein **herrlicher Ausblick** auf das Meer, im Sommer kann man hier die **Mitternachtssonne** (s. S. 113) erleben. Anschließend geht es **auf gleichem Wege zurück.** An **Infotafeln** können QR-Codes mit Informationen auf Englisch gescannt werden.

Wanderung 4: Ballstadheia bei Ballstad

Diese mittelschwere Wanderung führt auf die **Hochebene der Ballstadheia.** Vom **Parkplatz** aus führt ein kurzer, aber **steiler Anstieg** binnen 40 Minuten hinauf auf die topografisch schräge Ebene, die dann auf einem deutlich sichtbaren, aber nur selten markierten **Rundweg** erkundet werden kann. Diesem folgt man im **Uhrzeigersinn.** Dabei ist ein **fantastischer Panoramablick** garantiert. Kleine **Bäche** kreuzen den Weg.

An der höchsten Stelle, dem 459 Meter hohen **Nonstinden,** kann man einen **Abstecher** zum **Aussichtspunkt Munkan** unternehmen (rund 300 m). Anschließend geht es im Uhrzeigersinn weiter und **auf gleichem Wege zurück.**

- **Charakter:** mittelschwere Tour auf deutlich markierten Pfaden. Gutes Schuhwerk ist erforderlich.
- **Start- und Endpunkt:** Ballstad 53, Parkplatz kurz vor dem Damm zur Insel Gjermesøya [F7]
- **Länge:** 4 km
- **Dauer:** ca. 4–5 Std.
- **Höhenunterschied:** 450 m
- **Einkehr:** am Ende der Tour in den Cafés im Ortskern von Ballstad (Tipps: s. S. 64)
- **Anfahrt:** Fahrt bis zur der westlichen Seite Ballstads (der Fv 818 folgen), hier Richtung Kræmmervika abbiegen

Wanderung 5: Von Nesland nach Nusfjord

Der gut beschildete Weg nach **Nusfjord** 59 folgt einer alten **Fischerroute.** Der Pfad kann auch in Gegenrichtung bewältigt werden, ist jedoch von Nesland 60 kommend besser ausgeschildert.

Hinter den letzten Häusern Neslands hält man sich zunächst links (Wegweiser „Fiskersti"). Die nachfolgende **Bucht** wird umrundet. Der Pfad führt anschließend rechts zum Meer hinab, danach über eine **Holzbrücke** und später einen Hang hinauf, der mit **Eisenketten** gesichert ist. Oben angelangt, folgt man den **T-Markierungen** über die Anhöhe, von der eine zehn Meter lange **Leiter** wieder berg-

- **Charakter:** mittelschwere, gut ausgeschilderte Tour. Zu bewältigen sind einige sumpfige und felsige Abschnitte. Der Wanderweg eignet sich auch für etwas größere Kinder, die schon Wandererfahrung haben. Festes Schuhwerk ist Voraussetzung.
- **Start- und Endpunkt:** Parkplatz Nesland 60 am Ende der Straße [D8]
- **Länge:** 10 km (je Richtung 5 km)
- **Dauer:** ca. 5 Std. (je Richtung 2–2½ Std.)
- **Höhenunterschied:** 260 m
- **Einkehr:** nach halber Strecke in einem der Cafés in Nusfjord 59 (Tipps: s. S. 71)
- **Anfahrt:** mit dem Auto südlich von Ramberg 58 von der E 10 nach Nesland abbiegen

ab führt. Durch **sumpfiges Gebiet** geht es weiter nach Nusfjord.

Nach einer **kleinen Rast** in einem Lokal begibt man sich **auf demselben Weg zurück.**

Wanderung 6: Zur Nordspitze der Insel Moskenesøya

Die Wanderung beginnt an der **Westseite des Strandes Yttersanden** [D7] in Fredvang 63. Der gut sichtbare, am Hang entlangführende Weg folgt ab dem Parkplatz dem **Ufer** Richtung Norden bis zur **Landspitze** und führt anschließend **auf demselben Weg zurück** zum Ausgangspunkt. **Picknicken** ist unterwegs an zahlreichen Stellen möglich.

- **Charakter:** einfache Wanderung auf gut erkennbarem Pfad, perfekt für Familien
- **Start- und Endpunkt:** Fredvang 63, Parkplatz am Westufer des Strandes Yttersanden [D7]
- **Länge:** 1,7 km pro Richtung
- **Dauer:** ca. 1 Std. pro Richtung
- **Höhenunterschied:** 30 m
- **Einkehr:** unterwegs keine Einkehrmöglichkeit, daher ausreichend Proviant und Wasser mitnehmen
- **Anfahrt:** mit dem Auto von der E 10 in Richtung Fredvang abbiegen und der Straße immer geradeaus folgen

051lo-ms

Wanderung 7: Zur Munkebu in Sørvågen

Die **Panoramawanderung** führt zur nicht öffentlichen Hütte **Munkebu (Mönchshütte).** Der Weg folgt zunächst der beleuchteten, gut sichtbaren **Loipe** zum Ufer des **Sees Stuvdalsvatnet** [C9].

Ab hier führt der Pfad am **Berghang** oberhalb des Gewässers **Tridalsvatnet** entlang und anschließend weiter hinauf zum Kamm des **Berges Djupfjordheia** in rund 500 Metern Höhe. Von dort geht es binnen 20 Minuten hinab zur Hütte. Abschließend geht es **auf demselben Weg** zurück zum Ausgangspunkt.

Wer möchte, kann die Wanderung hier fortsetzen und im An-

- **Charakter:** mittelschwere Tour auf gut markiertem Weg
- **Start- und Endpunkt:** Sørvågen 71, Parkplatz am Ende der Straße Storhaugen, unweit des Sees Sørvågvatnet [C10]
- **Länge:** 10 km
- **Dauer:** ca. 4–5 Std.
- **Höhenunterschied:** 600 m
- **Einkehr:** in Lokalen in Sørvågen (Tipps: s. S. 82) oder im Café des Norwegischen Fischereimuseums 75 in Å 74
- **Anfahrt:** Mit dem Auto fährt man in Sørvågen bei den Schildern, die nach „Holmen" weisen, in die Gegenrichtung.

schluss noch den nördlich gelegenen 1029 Meter hohen **Berg Hermannsdalstinden** [B9] erklimmen.

Weitere Aktivitäten

Bergsteigen und Klettern

Die **Hänge der Lofotenwand** bieten unzählige Möglichkeiten für Kletterer. Der Klassiker führt in Svolvær 13 hinauf zu den Hörnern der **Svolværgeita,** der „steinernen Ziege" (s. S. 28). Ein anderer bekannter Felsen ist der **Presten** („Priester"), der 500 Meter über dem Fjord bei Henningsvær 31 emporragt. Auch am **Vågakallen** (s. S. 42) bei Kabelvåg 26 gibt es für Kletterer Herausforderungen zu meistern.

Empfehlenswerte **Anbieter für Klettertouren** sind beispielsweise Nordnorsk Klatreskole (s. S. 46) in Henningsvær und Northern Alpine Guides (s. S. 42) in Kabelvåg.

Über eine **Kletterwand** verfügt die Lofothallen (s. S. 94) in Leknes 45 auf der Insel Vestvågøya.

Golf

Man mag die Lofoten nicht gerade mit dem Golfsport in Verbindung bringen und doch findet sich genau hier, am Rande des Nordatlantiks, einer der schönsten und spektakulärsten Golfplätze Europas. Er liegt am **Nordende der Insel Gimsøya.** Saison ist von Mai bis Mitte Oktober, im Sommer hat die Anlage rund um die Uhr geöffnet.

› **Lofoten Links** <184> Tore Hjortsvei 389, Gimsøysand, Tel. 76072002, https://lofotenlinks.no

Wegweiser für Wanderer in der Bucht Kvalvika 65

Radfahren

Abseits der Hauptstraßen eignen sich die Lofoten hervorragend zum Radfahren, wenn nicht gerade ein **Sturm** über die Inselgruppe weht. Empfehlenswert sind vor allem wenig befahrene Strecken auf den weitläufigeren Inseln Austvågøya und Vestvågøya sowie auf den kleineren Eilanden Gimsøya, Værøy und Røst. **Mieträder** kosten 200–300 nkr/Tag.

Zwischen den Inseln Vestvågøya und Flakstadøya kann man die **Fahrradfähre** nutzen (Juni–Mitte Aug. tgl. 10 Uhr ab Ballstad 53 und 11 Uhr ab Nusfjord 59, www.ballstadgutt.no).

Fahrräder ausleihen kann man beispielsweise bei den Anbietern Lofoten Rorbuer (s. S. 32) und XXLofoten (s. S. 32) in Svolvær 13, bei

Herrliche Lage: der einzige Golfplatz der Lofoten

052lo-ms

Reine Adventure (s. S. 77) auf der Insel Sakrisøy 66 sowie auf den Inseln Værøy und Røst (siehe dort unter „Infos und Reisetipps").

Reiten

Am Strand entlang, die Sonne im Gesicht und die Berge im Hintergrund – Reiten auf den Lofoten ist ein ganz besonderes Erlebnis. **Geführte Reittouren** mit dem Pferd *(hest)*, auch im Schein der **Mitternachtssonne** (s. S. 113), werden in verschiedenen Orten angeboten, beispielsweise hier:

› **Hov hestegård** <185> Tore Hjortsvei 471, Gimsøysand, Tel. 97559501, https://hovgard.no. Reiten für Kinder und Erwachsene auf Islandpferden und Ponys. Geführte Touren.

› **Lofot Hest** <186> Valbergsveien 981, 8357 Valberg, Tel. 45473355, www.lofothest.no. Touren auf dem Pferderücken in kleinen, individuellen Gruppen durch die unschlagbare Landschaft auf der Südostseite der Insel Vestvågøya.

› **Lofoten Hest & Helsesenter** <187> Hol 45, Leknes, Tel. 76086344, Facebook-Seite. Reitzentrum in Hol.

Winter auf der Insel Flakstadøya

053lo-ms

Skifahren

Die Lofoten sind gewiss kein klassisches Wintersportziel. Zwar liegt zwischen Dezember und April regelmäßig **Schnee**, doch kann man nicht mit einer beständig geschlossenen Schneedecke rechnen. Zu oft sorgen **Warmlufteinbrüche** bei 5–8 °C für Tauwetter. Wenn jedoch die weiße Pracht liegen bleibt, sind die Lofoten das reinste Winterwunderland.

Skilifte mit **Kunstschneepisten** sind in Svolvær 13 und Stamsund 48 zu finden. **Alpinski** werden an den Liften verliehen. **Langlaufski** sind bei Lofoten Aktiv (s. S. 41) in Kabelvåg 26 erhältlich. **Loipen** werden bei entsprechendem Wetter im Naherholungsgebiet Kongsmarka [K5] in Svolvær, in Borg 37, Leknes 45 und Stamsund auf Vestvågøya sowie in Sørvågen 71 auf Moskenesøya gespurt. Infos zum **Loipenstatus** liefern diese Websites:

› https://skisporet.no, https://loyper.net

Neben dem klassischen Skifahren auf präparierten Pisten und Loipen ist auf den Lofoten zwischen Februar und April das **Freeriden** äußerst populär. Die klassische und zugleich spektakulärste Tour führt vom 1036 Meter hohen **Store Trolltind** [M3] (Großer Trollgipfel) hinab in Richtung Trollfjord 23.

› **Kongstind Alpinsenter** <188> Svolværmarka, Svolvær, Tel. 46821722, Di, Do 18–21.30, Sa, So 11–16 Uhr, ein Lift, 340 m Höhenunterschied

› **Ski & Sail** <189> Storvåganveien 26, Kabelvåg, Tel. 94249110, https://lofotenskilodge.com, schwimmende Ski-Lodge

› **Stamsund Alpinsenter** <190> Svartholmarka, Stamsund, Tel. 76089411, www.lofotenalpinsenter.com, Mi, Fr 18–21, Sa, So 12–17 Uhr, ein Lift, 295 m Höhenunterschied

DIE LOFOTEN ERLEBEN

054lo-ms

Feste und Folklore

Über das Jahr verteilt, finden auf den Lofoten erstaunlich viele Veranstaltungen statt, vor allem **kulturelle und sportliche Events.** Absoluter **Höhepunkt** des Jahres ist die **Fangperiode des Winterkabeljaus** (Skrei, s. S. 113) zwischen Anfang Februar und April. In einigen Orten verdoppelt sich dann die Einwohnerzahl und damit auch die Anzahl der Veranstaltungen.

Ein weiteres Highlight sind die Feierlichkeiten anlässlich des **Nationalfeiertags** am 17. Mai. In größeren Orten wie Svolvær 13 und Leknes 45 starten am Vormittag Umzüge der Schulen und Kindergärten. Dabei wird die **lokale Tracht**, *bunad*, getragen.

Januar bis April

› **Lofoten Skimo** (Anfang/Mitte März): großes Tourenski-Event über zwei Distanzen. Ziel sind die verschneiten Berge der Lofoten. Erster Teil des **„Arctic Triple"** (www.thearctictriple.no).

› **VM Skreifiske** (Ende März): Wer den größten Fisch an Land zieht, gewinnt bei der WM im Kabeljauangeln. Rund 600 Teilnehmer aus zehn Ländern treten mit ihren 60 Booten jedes Jahr in Svolvær dazu an (www.vmiskreifiske.no).

› **Lofoten Winter Experience** (Anfang April): Das viertägige Festival steht im Zeichen nordischer Winterabenteuer – mit Gipfeltouren, Nordlichtbeobachtung und Skrei-Fischen (https://northatlanticadventures.com).

› **Elijazzen Jazzfestival** (Ende April): kleines, heimeliges Festival, das in den Räumlichkeiten der Anlage Eliassen Rorbuer (s. S. 77) in Reine 68 stattfindet (https://rorbuer.no, unter „Events")

Mai bis Juni

› **Stamsund Teaterfestival** (Ende Mai): landesweit bekanntes Festival für Theaterkunst in der kleinen Stadt Stamsund 48 (www.stamfest.no)

› **Lofoten Ultra Trail** (Ende Mai/Anfang Juni): Outdoorlauf über verschiedene Distanzen von 12 bis 166 km. Zweiter Teil des **„Arctic Triple"** (www.thearctictriple.no).

› **Codstock** (Anfang Juni): Dieses lebhafte Festival in Henningsvær 31 ist dem Fisch und der Musik gleichermaßen gewidmet. Die Bands sprechen dabei eher ein älteres Publikum an (www.codstock.no).

› **Lundefestivalen** (Ende Juni): Die Konzerte mit landesweit durchaus bekannten Künstlern finden auf der Insel Røst statt. Stilrichtungen sind Pop, Country und Blues (www.lundefestivalen.no).

› **Høllafæst** (Ende Juni): Musikfestival für Jugendliche und junge Erwachsene auf der kleinen Insel Svinøya 20 in Svolvær (https://hollafest.no).

› **Kabelvågmarkedet** (Ende Juni): lebendiges Treiben in Kabelvåg 26. Ein großer Markt und Konzerte für verschiedene Altersgruppen sorgen für Abwechslung (www.facebook.com/kabelvagmarkedet).

Vorseite: Fischerboot im pittoresken Örtchen Å 74

Einer der schönsten Fußballplätze der Welt lädt in Henningsvær 31 zu Sport, Spiel und Spaß ein

Juli bis September

- **Laukvikdagan** (Anfang Juli): Musikfestival, das den kleinen Ort Laukvik 24 auf Austvågøya aufblühen lässt (www.laukvikdagan.com).
- **Lofoten Internasjonale Kammermusikkfest** (Mitte Juli): Das internationale Kammermusikfestival lockt Künstler aus aller Welt an. Es findet alle zwei Jahre in Kabelvåg statt. Hauptveranstaltungsort ist die Vågan-Kirche 27 (https://lofotenfestival.com).
- **Kubafestivalen** (Ende Juli): Musikfestival, benannt nach dem Ortsteil Kuba in Svolvær (s. S. 31). Es treten vor allem norwegische Musiker auf (https://kubafestivalen.no).
- **Trevarefest** (Ende Juli): Das Festival findet im idyllischen Ort Henningsvær statt und bietet eine Mischung aus Live-Acts, DJ-Performances und Outdoor-Aktivitäten (www.trevarefest.no).
- **Sea Skrova Festival** (Mitte Aug.): Festival auf der Insel Skrova 22 bei Svolvær mit Kiting-Kursen, Kajaktouren und vielen Aktivitäten für Kinder
- **Lofotr Vikingfestival** (Mitte Aug.): Im Lofoten-Wikingermuseum 38 in Borg 37 findet alljährlich an fünf Tagen das Wikingerfestival statt: mit Markt, Shows, Konzerten und Tanz (www.lofotr.no).
- **Lofoten Triathlon** (Mitte Aug.): Triathlon für Erwachsene und Kinder. Dritter Teil des **„Arctic Triple“** (www.thearctictriple.no).
- **Lofoten Country Festival** (Anfang Sept.): Der Country hat in Norwegen, vor allem in ländlichen Gebieten, einen hohen Stellenwert. Dieses Festival in Leknes widmet sich mit 5 bis 6 Bands ganz dieser Stilrichtung (www.lofoten-countryfestival.no).
- **Lofoten Internasjonale Kunstfestival** (Sept.): Das Kunstfestival in Svolvær soll laut Eigenwerbung der „Inspiration der

055lo-ms

lokalen Bevölkerung“ dienen. Die Werke werden im Rahmen von Ausstellungen präsentiert (https://info.liaf.no).

Oktober bis Dezember

- **Matfestivalen** (Mitte Okt.): Dabei werden kulinarische Spezialitäten aus der Region in der Lofothallen in Leknes präsentiert (www.matfestivalen.net).
- **Førjulseventyret** (Dez.): In der Adventszeit strahlt Henningsvær viel Charme aus. Der Ort ist festlich geschmückt, es gibt Konzerte und vorweihnachtliche Stimmung in den Geschäften (www.facebook.com/forjulseventyret).

Feiertage

- **Nyttår:** Neujahrstag (1. Januar)
- **Palmesøndag:** Palmsonntag
- **Påske:** Ostern (Do, Fr, So und Mo)
- **Første mai:** Tag der Arbeit (1. Mai)
- **Syttende mai:** Nationalfeiertag (17. Mai)
- **Kristi himmelfartsdag:** Christi Himmelfahrt
- **Pinse:** Pfingsten (So und Mo)
- **Jul:** Weihnachten (25. und 26. Dezember)

Kulinarische Entdeckungen

Naturbedingt dreht sich auf den Lofoten kulinarisch fast alles um den **Fisch.** Elch, Rentier und anderes Wild treten dafür in den Hintergrund. Auf der Speisekarte dominiert eindeutig der **Dorsch** bzw. **Skrei** (s. S. 113). Gereicht wird dieser gerne mit Kartoffelstampf und saisonalem Gemüse. Häufig runden Preiselbeeren das Gericht ab.

Ein beliebter **Nachtisch** ist *multekrem,* die norwegenweit bekannte und auch auf den Lofoten anzutreffende **Moltebeere** mit süßer Sahnehaube. Beliebte **Süßspeisen** sind *lefse,* ein mit Zucker, Zimt und Butter bestrichener Teigfladen, die allgegenwärtige Waffel (*vaffel*) und die knusprige, in speziellen Eisen gebackene *krumkake* („krummer Kuchen“).

Auch die Bewohner der Lofoten sind, wie alle Skandinavier, dem **Kaffee** verfallen. Dieser wird in reichlichen Mengen genossen. Eine alkoholische Spezialität ist der **Linie Aquavit,** der in Eichenfässern zunächst um die halbe Welt reist, um zu reifen.

Stockfisch

Die **klassische Spezialität** der Lofoten ist zweifellos der **getrocknete Stockfisch.** Kannte man einst nur eine Methode der Zubereitung und des Genusses, nämlich wässern, kochen und essen, so ist man in den letzten Jahren deutlich **erfinderischer** geworden. Restaurants wie Børsen Spiseri oder Paleo Arctic (s. S. 33), beide in Svolvær ⓭ ansässig, bieten mittlerweile kreative Neuinterpretationen wie Tørrfisk Royal, Skreirisotto oder Dorschrogen mit Tortellini an. Doch auch als herzhafter Imbiss für Zwischendurch ist der **getrocknete Dorsch** bzw. **Skrei** geeignet: Snackpackungen à 30 g gibt es vielerorts im Supermarkt oder in Souvenirläden zu kaufen.

Reist man im Sommer über die Lofoten, fallen die zahllosen leeren, an vielen windexponierten Stellen errichteten **Gestelle** auf. Im Winter und zeitigen Frühling muss man über ihre Bedeutung nicht mehr rätseln: Op-

056lo-ms

tisch und geruchlich wird schnell klar, dass darauf Fisch abhangen wird, der im Laufe der Zeit 80 % seines Gewichts verliert. Immer zwei von Innereien und Kopf befreite Exemplare werden am Schwanz zusammengebunden und über einem Stock *(stokk)* luftgetrocknet – daher der Name **Stockfisch** *(stokkfisk)*.

Entfernt man weitere Teile des Tiers, so spricht man vom *rotskjær, råskjær* oder auch *splittfisk*. Im Norwegischen üblich und im Alltag am häufigsten verwendet wird jedoch der allgemeine Begriff **„tørrfisk“**, der mit **Trockenfisch** übersetzt werden kann. Er leitet sich von den altnordisch-isländischen Bezeichnungen *turrfiskr* bzw. *Þorrfiskur* ab und bildet auch in verkürzter Form die linguistische Grundlage für das Wort *torsk* (Dorsch).

Lokale Snackspezialität: Klippfisch im Supermarktregal

Eine zweite Konservierungsmethode neben jener an der Luft ist die durch Salz, die sich ab dem 18. Jh. durch den Preisverfall des Minerals etablierte. Der sogenannte **Klippfisch** *(klippfisk)* wurde auf Steinen, also Klippen, ausgebreitet und großflächig eingesalzen. Drohte Regen, musste das „Gold des Meeres“ schnell gestapelt und abgedeckt werden.

Schon zu Wikingerzeiten führten Händler getrockneten Fisch aus. Zum **Exportschlager** wurde er jedoch erst durch den Bedarf katholischer Länder an einem fleischfreien Fastenessen. Im Portugiesischen besitzt er sogar eine eigene, mittlerweile international bekannte Bezeichnung: *Bacalhau*.

Aber Trockenfisch ist nicht gleich Trockenfisch: Frost, Schimmel und Vögel können die **Qualität** massiv beeinträchtigen. Allein die Hanse unterschied nach 24 Standards. Die höchste Vollkommenheit besaß der Holländer-Rundfisch. Momentan wird der Trockenfisch in drei Kategorien vorsortiert. Diverse Merkmale in den Bereichen Qualität, Dicke und Länge führen zur Weitersortierung in 30 Untergruppen.

Qualitativ hochwertiger Fisch der Kategorien *prima* und *sekunda* werden in verschiedene europäische Länder exportiert, unter anderem Italien, Spanien, Portugal und Schweden. Die dritte Kategorie verlässt in Richtung Afrika das Land. So werden nach Nigeria Dorschköpfe ausgeführt, die dort dem Essen gemahlen als Proteinquelle beigemengt werden.

Laugenfisch

Eine norwegentypische Besonderheit ist der **Laugenfisch („lutefisk")**. Der Trockenfisch wird hier nicht wie sonst üblich in Wasser, sondern in **Natronlauge** eingeweicht.

Warum man die Spezialität angesichts der Konsistenz, des Geschmacks und des Geruchs überhaupt herstellt und vor allem isst, ist selbst vielen Norwegern nicht klar. Böse Zungen behaupten jedenfalls, Laugenfisch sei ein triftiger Grund für einen kräftigen Schluck **Aquavit.** In jedem Fall ist er noch immer eines der klassischen **Weihnachtsgerichte**, jedoch mit abnehmender Tendenz auf der Beliebtheitsskala.

Wie der *lutefisk* seinen Weg in die norwegische Küche fand, ist noch nicht abschließend geklärt. Im Grunde existieren nur **zwei Mythen**: Entweder, so wird berichtet, soll ein Lager mit Trockenfisch durch einen Blitzeinschlag in Flammen aufgegangen sein. Der Fisch weichte, in der alkalischen Asche liegend, im Regen auf. Die wabbelige Masse war am Ende zwar scheußlich anzusehen, aber nicht giftig. Zum Wegschmeißen war der Fisch zu schade, also machte man sich daran, ihn zu verzehren. Vielleicht hat der Laugenfisch aber auch etwas mit einem Mann zu tun, der vor langer Zeit einmal sterbenskrank im Bett gelegen haben soll. Man wollte ihm zur Stärkung in Wasser aufgeweichten Stockfisch servieren, doch leider fiel das Essen in ein Fass mit Lauge. Weil die Familie jedoch arm war und kein anderes Mahl zur Verfügung stand, musste der

057lo-ms

arme Mann zu sich nehmen, was ihm an diesem schicksalsträchtigen Tag serviert wurde. Bloß gut, dass er auf seine Familie hörte, denn er wurde wieder vollständig gesund.

Wie es sich auch zugetragen haben mag, verbürgt ist jedenfalls die **Herstellung** des Laugenfischs: Getrockneter Fisch wird zunächst fünf bis sechs Tage in kaltem Wasser aufgeweicht, dann wird ihm zwei Tage lang Natronlauge zugesetzt. Der Fisch quillt auf, sein Proteingehalt verringert sich um 50 %. Der pH-Wert beträgt nun 11–12, was bei sofortigem Verzehr zu Vergiftungserscheinungen führen würde. Um ihn schließlich essen zu können, muss der Fisch nochmals zehn Tage lang in kaltem Wasser „baden".

Kulinarischer Tagesablauf

In den Tag startet man zunächst mit dem **Frühstück** *(frokost)*. Diesem folgt das *lunsj*, ein kaltes, zwischen 11 und 12 Uhr eingenommenes **Mittagessen**, das häufig aus einem *matpakke*, also einem Lunchpaket mit belegten Broten, besteht. Am Nachmittag, meist nach der Arbeit ab 16 Uhr, folgt das **warme „middag"**. Am späten Abend, gegen 20 oder 21 Uhr, folgt nach Belieben noch eine weitere Mahlzeit, und zwar das **„kveldsmat"**. Dieses kann durchaus aus Kaffee und Kuchen bestehen.

Vielen Rorbus ist auch ein Restaurant angeschlossen, in dem man z. B. ausgiebig frühstücken kann

Essen im Lokal

Gute Lokale sind vor allem im größten Ort der Lofoten, in Svolvær, zu finden. In der Umgebung von Reine 68, im Südwesten der Inselgruppe, lohnen Gadus (s. S. 77) und Gammelbua (s. S. 80) einen kulinarischen Abstecher.

Aufgrund der recht hohen Löhne wird in Norwegen, auch im Restaurant, **kein Trinkgeld** erwartet, über eine kleine Aufmerksamkeit freut man sich trotzdem, v. a. bei geführten Touren. **Leitungswasser** wird im Restaurant auf Wunsch gratis gereicht. Es ist überall unbedenklich genießbar.

MEINE TIPPS

Lokale mit guter Aussicht

Die folgenden Lokale sind unmittelbar **am Wasser gelegen** und bieten eine herrliche **Aussicht auf das Meer:**

- **Brygga Restaurant** (s. S. 85) in Å 74
- **Nordis Restaurant** (s. S. 33) in Svolvær 13
- **Kaikanten Kro og Rorbu** (s. S. 61) in Sennesvik
- **Maren Anna** (s. S. 82) am Hafen in Sørvågen 71

Lecker vegetarisch

Wer fleischlos speist, aber nicht auf **Fisch** verzichtet, wird in nahezu allen Lokalen der Lofoten fündig werden. Ansonsten bieten etwa die in Svolvær gelegenen Restaurants **Paleo Arctic**, **Bacalao**, **Nordis Restaurant** (alle s. S. 33) und **Svolvær Restaurant** (s. S. 33) vegetarische Gerichte an.

Smoker's Guide

Rauchen ist in Norwegen **in allen öffentlichen Gebäuden untersagt.** Dazu zählen auch Cafés, Restaurants, Kneipen und Läden sowie Bus und Bahn.

Shopping

Neben den typischen **Norwegerpullovern**, die etwa im Lofoten Gaver og Brukskunst (s. S. 56) in Leknes 45 angeboten werden, kann man natürlich auch vielerorts die nahezu unvermeidlichen norwegischen **Trolle** erstehen. Ein gut sortiertes **Souvenirgeschäft** mit zahlreichen lokalen Produkten, Shirts, Süßwaren, Marmeladen usw. ist der Krämerladen Nusfjord Landhandel (s. S. 71) in Nusfjord 59. Lofotentypisches **Kunsthandwerk** sind in der Glasbläserei Vikten 55 und beim Schmied und Fischereimuseum 62 in Sund 61 erhältlich. Als **kulinarische Mitbringsel** sind Trockenfisch-Snacks und Moltebeeren-Marmelade beliebt.

Für einen **Einkaufsbummel** lohnen sich Svolvær 13 und Leknes. In beiden Orten kann man beispielsweise typisch norwegische **Outdoormode** von Marken wie Norrøna, Bergans, Helly Hansen und Stormberg erwerben. Außerdem gibt es in diesen Kleinstädten Filialen des **Vinmonopolet.** Nur in diesem Geschäft können an Werktagen **Wein und Spirituosen** erworben werden. Bier wird werktags bis 20 Uhr auch in normalen Supermärkten verkauft.

058lo-ms

Natur erleben

Geologie und Geografie

Erreicht man die Lofoten vom Meer aus, erschließt sich dem Betrachter schnell, warum das Archipel den Beinamen **„Alpen im Nordmeer"** trägt: Bis über 1000 Meter erhebt sich die **Lofotenwand** zum Teil nahezu senkrecht aus dem Ozean.

Entstanden sind die mächtigen Gipfel im Zuge der **Kaledonischen Gebirgsbildung** vor 490 bis 420 Mio. Jahren. Das aufgefaltete Gestein, metamorpher Gneis, der auf der Insel Moskenesøya zu sehen ist, ist mit knapp 3 Mrd. Jahren jedoch noch deutlich älter und gilt als älteste Bergart Europas. Gleichzeitig sind auf den Lofoten sehr **junge geologische Phänomene** zu beobachten. Einzelne Berggipfel wurden im Zuge der letzten, vor rund 10.000 Jahren zu Ende gegangenen **Eiszeit** abgeschliffen. Dabei wurden Seen ausgeschürft und **Moränen** (Geschiebe/Schutt des Gletschers) abgelagert. Besonders gut lassen sich die Landschaftsformen des Quartärs, des jüngsten geologischen Zeitalters der Erdgeschichte, etwa Moränen und Uferzonen, in Eggum 40 auf Vestvågøya und Vikten [E6] auf Flakstadøya beobachten.

Dass die **Berge** im **Südwesten der Lofoten** wie Zinnen in den Himmel ragen, lässt darauf schließen, dass diese Region **eisfrei** blieb. Einige der Gewässer, z. B. auf Røst, weisen in der Tiefe mehrere Tausend Jahre altes Salzwasser auf, das später von Schmelzwasser überlagert wurde. Obgleich die Lofoten nur am Rande des

Er hat gut lachen: norwegischer Troll

KURZ & KNAPP

Arktis

Je nach Sichtweise sind die Lofoten Teil der Arktis oder eben auch nicht. Eine Definition zieht die Grenze am **Polarkreis,** eine andere nimmt die **10°-Juli-Isotherme** als Grundlage, die auch die Grenze der polaren Klimazone darstellt. Die Lofoten wären dann kein Teil der Arktis.

Das Wort Arktis leitet sich vom griechischen Wort für **Bär,** *arktos,* ab. Anders als man denken könnte, bezieht sich der Begriff keineswegs auf die Landsäuger, sondern auf die im hohen Norden stets sichtbaren **Sternbilder** des Großen und Kleinen Bären.

mächtigen Eisschilds lagen, ist auch hier die glaziale Druckentlastung spürbar: Noch immer hebt sich das Land um einige Millimeter pro Jahr.

Geologisch interessant sind ferner die **Uferzonen.** Durch Erosion entstand hier die von Geröll, Kies und Sand geprägte *strandflate* (Strandebene). Vor allem auf Vestvågøya erreicht diese zu Füßen der Berge eine beachtliche Ausdehnung. Das zusätzlich kurz nach dem Ende der Eiszeit abgelagerte biologische Material, wie Tang und Muscheln, ist vergleichsweise fruchtbar und lässt die landwirtschaftliche Nutzung der Flächen zu.

Yttersida und innersida

Die Bevölkerung der Lofoten unterteilt die Inselgruppe geografisch in eine **Außenseite** *(yttersida)* und eine **Innenseite** *(innersida).* Das klingt banal, ist aber in Bezug auf die **Besiedlung** von immenser Bedeutung.

Alle wichtigen Orte sind dem bis zu 80 Kilometer breiten **Vestfjord** zugewandt und somit an der **Innenseite** entlang der **Südostküste** zu finden. Die Wucht der Stürme wird von den Bergen der Lofotenwand abgebremst. Geringerer Wellengang ließ im Schutze von Schären und Buchten die Anlage größerer Häfen zu. Das Klima gibt sich gemäßigter, wobei die Temperaturen vor allem im Sommer erträgliche Werte erreichen.

Die **Außenseite** hingegen ist rau, unnahbar und nicht selten waldfrei, was man gut bei einer Fahrt nach **Eggum** 40 beobachten kann. Und als ob es die Natur den Menschen am Rande des Nordmeers nicht zu leicht machen wollte, legt sich nach einem etwas wärmeren Sommertag nicht selten **Seenebel** über die schmalen Ebenen und lässt die Temperaturen spürbar fallen. Amtmann G. P. Blom notierte dazu 1827: „Wie grausam auch der Lofoten östliche Küste ist, so wird sie doch in ihrer Rauheit von

059lo-as©bereta - stock.adobe.com

Lustig anzusehen: der Papageitaucher (s. S. 112)

der westlichen noch übertroffen, wo zudem harte West- und Nordwest-Stürme mit größerer Wucht wüten als an der Ostküste, die dahingegen von den hohen Bergen beschützt wird."

Trotzdem, einen nicht zu unterschätzenden Vorteil hat die Außenseite: Zwischen dem 25. Mai und dem 17. Juli erstrahlt hier die **Mitternachtssonne** (s. S. 113) und auch die **herbstlichen Sonnenuntergänge** sind in ihrer Schönheit unübertroffen.

Tier- und Pflanzenwelt

An **Land** wird man meist nur auf Hasen, Füchse, Hermeline und Nerze sowie in den Wäldern Austvågøyas auch auf ein paar Elche treffen. So begrenzt der Artenreichtum der Landsäugetiere ist, so artenreich präsentiert sich die **marine Fauna.** Neben dem allgegenwärtigen **Dorsch** (s. S. 113) sind in den umliegenden Gewässern auch Heilbutt, Köhler, Leng, Lumb, Makrele und Schellfisch beheimatet. Selbst **Wale** verirren sich, zumeist im Winter, in die Region rund um die Lofoten. Das Kaltwasserriff von Røst weist zudem den größten Lopheliabestand der Welt, einer Korallenart, auf.

Die **Seevogelkolonien** der Inselgruppe zählen zu den größten und artenreichsten des Kontinents – vor allem **Røst** (s. S. 88) gilt als Vogelparadies. Neben dem besonders bei Fotografen beliebten, putzigen **Papageitaucher,** dem „Clown Nordeuropas", nisten hier Raubmöwen, Austernfischer, Krähenscharben, Trottellummen, Eissturmvögel und Krabbentaucher. Nischenreiche Felsen, in unmittelbarer Nähe zu den Fischschwärmen, sind im Frühjahr und Frühsommer die bevorzugten Brutgebiete der Seevögel. Mehrere Tausend Tiere können in einer Kolonie leben, wobei der Bestand vielerorts zurückgeht. Nachdem die Jagd auf Seevögel untersagt worden ist und natürliche Feinde nicht (mehr) in großer Zahl vorhanden sind, muss die Ursache in der **Verschmutzung der Meere** (s. S. 75) und der Nahrungsknappheit durch **Überfischung** liegen.

In den **Mooren** nistet der Große Brachvogel, der Gänsesäger und die Eiderente. Sommergäste in den Wäldern sind Singvogelarten wie Rotkehl-

060lo-ms

Ein Fisch, drei Namen: Dorsch, Kabeljau und Skrei

Jedes Jahr zwischen Januar und April zieht der arktische Dorsch („Gadus morhua") von der Barentssee in die Gewässer der Lofoten, um dort zu laichen. Eine vom Golfstrom verursachte Wassertemperatur von 4–6 °C und die perfekte Mischung aus Salz- und Süßwasser wirken besonders anziehend auf die Fischart.

Das Ereignis ist von so großer Bedeutung, dass sich mit der Geschlechtsreife auch der Name des Fisches ändert. Im Deutschen spricht man fortan vom Kabeljau, im Norwegischen nicht mehr von „torsk", sondern von „skrei". Ausgewachsene Exemplare können ein Gewicht von bis zu 55 kg und eine Länge von 1,80 bis 2 Metern erreichen. Markant sind die drei Rücken- und zwei Afterflossen.

Die Bedeutung des Dorsches für die Lofoten formulierte der dichtende Pfarrer Petter Dass (1647–1707) in den 1690er-Jahren so: „Nein! Der Fisch im Wasser, er ist unser Brot. Und verlieren wir ihn, da leiden wir Not."

chen, Lärchen, Finken und Drosseln. An den Berghängen des Raftsunds 12 und des Trollfjords 23 finden sich zudem große **Seeadlerkolonien.**

Bevor man mit dem **Torfstechen** begann, landete das Holz der Inseln hauptsächlich in den Öfen der Häuser. Vom **Lofotenwald** waren daher im 19. Jh. nur noch Restbestände erhalten. Heute erholen sich die Wälder wieder. Neben Birken werden diese von Fichten dominiert.

Die **Vielfalt der Landschaft** reicht vom Hochgebirge über die Moorebenen und Wiesen, Heideflächen und lichten Wälder bis hin zum Strand. Dementsprechend abwechslungsreich ist die **Pflanzenwelt** der Lofoten: Es gibt wilde Orchideen, Disteln, Milchlattiche, Eisenhut, Goldruten und Lichtnelken, ferner Borretsch-Arten und Moltebeeren.

› **Infos zur Vogelbeobachtung:** www.birdingbed.no

Farbenprächtige Herbstflora

Mitternachtssonne und Polarnacht

Die Ursache für das Phänomen der **Mitternachtssonne** ist die **Schrägstellung der Erdachse.** Am **Polarkreis** auf 66,57 ° nördlicher Breite geht die Sonne genau einen Tag lang nicht unter und ist um Mitternacht im Norden über dem Horizont zu sehen. Aufgrund der **Sommerzeit** ist die eigentliche mitternächtliche Stunde erst um 1 Uhr. Je weiter nördlich man sich befindet, desto länger dauert die Zeit der **ewigen Helligkeit** an, am Nordpol sind es exakt sechs Monate.

Die Mitternachtssonne kann bei klarem Himmel zu folgenden Zeiten beobachtet werden:

› **Bodø** 1: 4. Juni–8. Juli
› **Svolvær** 13: 28. Mai–14. Juli

Im **Winter** erwartet die Bewohner des Nordens genau das entgegengesetzte Phänomen: Es herrscht **Polarnacht,** wobei ein bis zwei Dämmerstunden um die **Mittagszeit** für etwas Helligkeit sorgen. In Bodø, das nördlich des Polarkreises liegt, fällt die

Polarnacht sogar komplett „ins Wasser“: Da die Sonnenstrahlen abgelenkt werden, erstrahlen sie optisch über dem Horizont.

› **Svolvær:** 7. Dezember–5. Januar

Nordlicht

Die **Wikinger** sahen in den **Polarlichtern** ein Zeichen, dass irgendwo auf der Welt eine große Schlacht geschlagen worden war. Nach ihrer Vorstellung ritten die Walküren nach jedem Gefecht über den Himmel und wählten die Helden aus, die fortan an Odins Tafel speisen sollten. Dabei spiegelte sich das Licht des Mondes auf ihren schimmernden Rüstungen und bildete das Nordlicht.

Die **Samen**, ein indigenes Volk in Skandinavien, bildeten auf ihren schamanistischen Trommeln Nordlicht-Symbole ab. Im Samischen trägt das Phänomen verschiedene Namen. So wird es beispielsweise *Guovssahas* genannt, was so viel bedeutet wie „das Licht, das man hören kann“. Die Samen assoziieren das Nordlicht traditionell mit Klang.

Die **„Aurora borealis“** genannte Leuchterscheinung ist bei klarem Nachthimmel zwischen Ende August und Anfang April zu sehen, wenn elektrisch geladene Teilchen des Sonnenwindes auf die Erdatmosphäre treffen und in oberen Schichten von Luftmolekülen zum Leuchten angeregt werden. Polarlichter treten besonders häufig in Polarregionen auf. Dort verläuft das **Magnetfeld der Erde** senkrecht zur Erdoberfläche. Dies ermöglicht das Eintreten der Teilchen in die Erdatmosphäre.

Polarlichter können verschiedene **Farben** haben: Grünes Licht, das am häufigsten auftritt, entsteht durch Sauerstoffatome, die in gut 100 km Höhe angeregt werden, rotes Licht von Sauerstoffatomen in etwa 200 km Höhe.

061lo ©plpictures.com, stock.adobe.com

Von den Anfängen bis zur Gegenwart

Archäologische Funde legen die Vermutung nahe, dass die Lofoten bereits seit rund 6000 Jahren besiedelt sind, wobei die Inseln zu Zeiten der **Wikinger** erstmals strategisch, wirtschaftlich und politisch ins Blickfeld gerieten. Seit jeher spielt der **Fischfang** (s. S. 92) ökonomisch eine entscheidende Rolle, wobei später mit dem **Tourismus** ein neuer, alternativer Wirtschaftszweig erblühte. Bürgerinitiativen und Gesetze vermeiden bisher erfolgreich, dass sich die **Ölindustrie** in den Reigen einreiht.

4000 v. Chr. Funde von Angelhaken aus Knochen und Horn legen einen Siedlungsbeginn vor 6000 Jahren nahe. Die Lofoten sind von dichten Wäldern bedeckt, in denen Hirsche, Bären und Rentiere gejagt werden. Ein nachgewiesener Siedlungsort ist die Höhle Storbåthallaren 54 südlich von Napp.

Um 600 n. Chr. Archäologische Ausgrabungen deuten auf einzelne Hofanlagen während der Eisenzeit hin. Eine Lebensgrundlage bildet die Weidewirtschaft. Entlang der Küste setzt der Handel mit Pelzen ein.

ca. 700–1000 n. Chr. Wikinger errichten auf den Lofoten stabile Machtzentren, u. a. in Borg 37 und Vågan (das heutige Kabelvåg 26). Regiert werden diese von lokal bis überregional bedeutenden Häuptlingen.

999 König Olav I. Tryggvason erschlägt den lokalen Wikingerhäuptling Tore Hjort. Anschließend wird Vågan zu einem Zentrum des Lofotenfischfangs. Die jährlich abgehaltene Versammlung *Vågastemne* wird initiiert und das Gesetzbuch *Vågaboka* verfasst.

11./12. Jh. König Øystein erhebt Vågar zum Kichensitz und lässt erste Rorbuer als Unterkünfte für zureisende Fischer errichten.

1391 Erzbischof Eiliv ruft das *Vågastevne* ins Leben. Bei dieser Zusammenkunft werden kirchliche Themen zur Sprache gebracht.

14. Jh. Machtgewinn der im westnorwegischen Bergen ansässigen Hanse im Norden des Landes. Beginn der Nordfahrtschuld (s. S. 116).

1582 Händlern aus Trondheim und Bergen wird das Handelsmonopol für Nordnorwegen verliehen.

16. Jh. Der Schwarze Tod grassiert auf den Lofoten und löscht nahezu die gesamte Bevölkerung aus.

1707 Hans Egede (s. S. 39) wird als Kaplan nach Vågan versetzt.

1762 Per königlichem Dekret wird es den Bewohnern der Lofoten gestattet, Gasthäuser zu eröffnen. Der Konsum von Branntwein schnellt in die Höhe, gleichzeitig beginnt der Handel nach Jahrzehnten des Niedergangs wieder zu florieren.

1810 Englische Seeblockade während der Napoleonischen Kriege. Hungersnöte brechen aus, da der Import von Getreide unterbunden wurde.

1813 Schuldenerlass per königlichem Beschluss. Gleichzeitig beginnende Abhängigkeit der Fischer von den Besitzern der Fischerdörfer.

1816 Das erste Lofotengesetz zur Regulierung des Fischfangs wird erlassen.

1857 Die revidierte Fassung des Lofotengesetzes räumte den Fischern größere Freiheiten ein und erlöst diese aus einer Art Leibeigenschaft gegenüber den Fischerdorfbesitzern.

1866 Die Handelsprivilegien der Städte Bergen und Trondheim fallen. Beginn des freien und ungehinderten Warenaustauschs.

Beeindruckend: das Nordlicht über dem Fischerdorf Reine 68

KURZ & KNAPP

Nordfahrtschuld

Als *nordfartgjeld* wurde das **Schuldenverhältnis** zwischen einem **Lofotenfischer** und einem **Händler in Bergen** bezeichnet. Der Fischer durfte nur mit einem ihm zugewiesenen Kaufmann zu durchaus willkürlichen Preisen Handel treiben. Dieser verpflichtete sich im Gegenzug dazu, den Seemann mit allen lebensnotwendigen Dingen auszustatten.

1890 Schlacht im Trollfjord 23 *(trollfjord-slaget,* s. S. 35)

1893 Gründung der Postschifflinie Hurtigruten (s. S. 119), zunächst unter dem Namen Vesteraalens Dampskibsselskab, auf den Vesterålen. Die Hurtigruten-Schiffe legen in Stamsund 48 und in Svolvær 13 an.

1894 Großer Branntweinkrieg *(brennevins-slaget)* in Stamsund (s. S. 59)

19./20. Jh. Die zunehmende Größe der Schiffe und Fangflotten führt zum Niedergang von Fischerorten mit kleinen Hafenanlagen und zum Aufblühen strategisch vorteilhaft gelegener Orte wie Svolvær.

1929 Verabschiedung eines Gesetzes zur Regulierung der Fischpreise. Ziel ist es, die Dominanz der Großhändler zu brechen und einen Mindestpreis zu garantieren. Gesetzesanpassungen finden 1938, 1951 und 2014 statt.

1939–1945 Deutsche Truppen besetzen Norwegen. Überfall auf die Lofoten im März 1941.

Um 1960 Rückgang der Fischbestände durch Überfischung. Quoten regulieren fortan die Fangmengen.

1963 Eröffnung einer (fast) fährfreien Verbindung zwischen den einzelnen Lofoteninseln

1970 Die Verhandlungen über Ölbohrungen vor der Küste der Lofoten beginnen.

1990 Einweihung des Tunnels unter dem Nappstraumen

Operation Claymore

Die Operation Claymore, auch „Lofotraidet" („Lofotenüberfall") genannt, wurde am 4. März 1941 von britischen und norwegischen Truppen durchgeführt. Da aus dem Fischöl Glycerin ein für die Rüstungsindustrie interessanter Schmierstoff hergestellt werden konnte, waren die Lofoten vom Deutschen Reich besetzt worden. Mit vier Zerstörern und einer rund 550 Mann starken britisch-norwegischen Landungstruppe konnten die deutschen Einheiten binnen weniger Stunden zur Aufgabe gezwungen werden. Der überfallartige Angriff endete nahezu ohne Blutvergießen. Henningsvær 31, Stamsund 48 und Svolvær 13 wurden besetzt und elf Fischölfabriken zerstört. Als Vergeltungsmaßnahme nahmen die Deutschen auf den Lofoten Geiseln und zerstörten diverse Häuser, unter anderem in Reine 68.

Ab 1992 Der Fang von Zwergwalen zu wissenschaftlichen Zwecken wird wieder aufgenommen.

2006 Ein Nutzungsplan für die Barentssee und die Gewässer vor der Küste der Lofoten wird verabschiedet.

2007 Eröffnung der Straßenverbindung „Lofast" in Richtung Vesterålen. Die Lofoten sind nunmehr über die E 10 fährfrei an das Festland angebunden.

2018 Die Arbeiterpartei entscheidet sich gegen eine Ölförderung in lofotennahen Gewässern.

Ende 2023 Start des Ausbaus der E 10 zwischen dem Flughafen Evenes und den Lofoten.

PRAKTISCHE REISETIPPS

074lo-ms

An- und Rückreise

Die Lofoten sind am schnellsten und preiswertesten **per Flugzeug** mit dem Billigflieger Norwegian zu erreichen, der den Flughafen bei Evenes ansteuert. Von dort geht es mit dem Mietwagen (s. S. 122) oder Fernbus (s. S. 131) weiter. Wer etwas Zeit mitbringt, kann über Bodø 1 oder die Inselgruppe der Vesterålen bequem **mit dem Auto** anreisen. Auf entspannte Art reist man zudem **mit der Hurtigruten** auf die Lofoten.

Mit dem Auto und der Fähre

Über die **E10** ist die Inselgruppe der Lofoten mit dem Festland verbunden. Die Straße zweigt nördlich von **Narvik** von der **E6** ab und führt vorbei am Flughafen in Evenes über den südlichen Teil der Vesterålen zur Meeresenge des Raftsunds 12 und anschließend über eine **Brücke nach Vestvågøya,** der ersten der Lofoteninseln.

Von Süden kommend, kann die Anfahrt durch die Nutzung der **Fähren** verkürzt werden. Eine erste Verbindung führt von **Bognes** an der E6 nach Lødingen auf den Vesterålen, die zweite von **Bodø** direkt auf die Lofoten: zum Anleger in **Moskenes** 70 auf Moskenesøya, nach **Værøy** und nach **Røst.** Eine dritte Verbindung startet am Ende der Fv 81 in **Skutvik** [P8], von hier setzt die Fähre nach Svolvær 13 über.

Die Fährtickets ab Bodø sollte man unbedingt **vorab buchen,** insbesondere in der **Hauptsaison** (Juni–Mitte Aug.). Mit vorgebuchtem Ticket ist ein Erscheinen 45 Minuten vor dem Ablegen notwendig. Zentrum und Fähranleger in Bodø sind fußläufig voneinander entfernt.

- **Fahrplaninfos und Buchung:** www.torghatten-nord.no, Tel. 90820700 (Mo–Fr 8–15.30, Juni/Aug. bis 16 Uhr)
- **Fähre Bodø – Moskenes/Værøy/Røst:** Anfang Juni–Ende Aug. 6-mal/Tag, im Juli 8-mal/Tag nach Moskenes (Fahrzeit: 3¼ Std.), 1–2-mal/Tag nach Værøy (Fahrzeit: 5½ Std.) und Røst (Fahrzeit: 3¾ Std.); in der Nebensaison 2–3-mal/Tag; Fahrpreise: Erw. 225 nkr, Kinder/erm. 120 nkr, Pkw inkl. Fahrer 770 nkr (inkl. Gebühr für Platzreservierung).
- **Fähre Bognes – Lødingen:** 12–20-mal/Tag, Fahrpreise: Erw. 90 nkr, Kinder/erm. 50 nkr, Pkw inkl. Fahrer 270 nkr, Platzreservierung (gebührenpflichtig! 100–350 nkr)
- **Fähre Skutvik – Svolvær:** 10-mal/Tag, kostenlos

Mit der Hurtigruten oder dem Kreuzfahrtschiff

Eine Alternative zur Fähre stellt die Anreise mit der **Hurtigruten,** der traditionsreichen Postschifflinie (s. r.), dar. Die Hurtigruten-Schiffe nehmen neben Passagieren auch **Fahrzeuge** an Bord. Bei **Nachtpassagen** ist die Buchung einer **Kabine** Pflicht. Kurzstrecken müssen nicht vorab gebucht werden. Eine **Vorabreservierung** wird dennoch empfohlen. Die Schiffe steuern die Häfen von **Bodø, Stamsund** 48 und **Svolvær** an:

- **Bodø:** Der Kai befindet sich neben dem Fähranleger, nordgehend 13.05–15.20, südgehend 2.30–3.30 Uhr
- **Stamsund:** nordgehend 19.15–19.40, südgehend 22.15–22.30 Uhr
- **Svolvær:** Die Schiffe der Hurtigruten legen unweit des Torget 14 an, nordgehend 21.20–22.15, südgehend 18.30–20.30 Uhr

Vorseite: Parkplatzinfos für Autofahrer in Nusfjord 59

Die Postschiffe der Hurtigruten

Die „Reichstraße Nummer 1", wie die Schifffahrtsverbindung zwischen Bergen im Westen und Kirkenes im Nordosten gerne genannt wird, ist für viele Küstenbewohner Norwegens seit jeher das Tor zur Außenwelt.

Entlang der schier endlosen Küste des Landes mit ihren unzähligen Eilanden und Fjordarmen stellten Boote naturgemäß das bevorzugte Transportmittel dar. Auch für den in Tromsø geborenen Richard With war dies kein Geheimnis, weshalb er 1881 in Stokmarknes eine Reederei mit den für deutsche Ohren sperrigen Namen Vesteraalens Dampskibsselskab gründete. Allerdings stellte die unheilvolle Kombination aus offenem Atlantik, Westwinden und heimtückischen Untiefen ein nicht geringes Risiko dar. Doch With kannte die tückischen Gewässer wie kein anderer und so war es nur folgerichtig, dass seine Gesellschaft 1893 den Zuschlag für den Betrieb einer vom Staat in Auftrag gegebenen Postschifflinie zwischen Trondheim und Hammerfest erhielt, die spätere Hurtigruten („Die schnelle Route").

Über die Jahre entwickelte sich die Linie fast zu so etwas wie einem Mythos. Lange Zeit galt es geradezu als achtes Weltwunder, dass bei Wind und Wetter, Orkanen und unheilvollen Regenfluten unermüdlich, Tag für Tag, ein Schiff anlegte und für Nachschub sorgte. Die Hurtigruten waren zur zuverlässigen Lebensader des Westens geworden und sind es im Prinzip noch heute, wenngleich sich der Aufgabenbereich deutlich vom Waren- zum Touristentransport verschoben hat. Seit 2022 wird die Strecke neben den klassischen Hurtigruten-Schiffen auch von den umweltfreundlicheren Schiffen des Anbieters Havila (s. S. 120) befahren.

Ein Hutigrutenschiff wartet am Kai in Svolvær 13

063lo-ms

064lo-ms

- **Infos und Buchung:** www.hurtigruten.de, Tel. +49 4087409500
- **Havila Voyages**, www.havilavoyages.com, Tel. 70007070, aus Deutschland +49 8007243122. Die Schiffe können per Akku betrieben werden und so immerhin bis zu vier Stunden emissionsfrei durch die Fjorde kreuzen.

Kreuzfahrtschiffe legen derzeit im Sommer zumeist im Hafen von **Leknes** 45 an. Einige wenige gehen auch in **Svolvær** vor Anker.

- **Infos:** www.cruisetimetables.com/cruises-to-gravdal-norway.html

Mit dem Schnellboot

Ab dem **Sentrumsterminal in Bodø** setzt meist einmal pro Tag ein Schnellboot **für Fußgänger** nach **Svolvær** über:

⌃ *Fährfahrt von Bodø* 1 *in Richtung Lofoten*

⌃ *Schöne Aussichten: mit dem Auto zum Strand von Gimsøya*

- **23-755 NEX II,** Juni–Aug. Mo–Sa 18, So 19 Uhr (abweichende Zeiten in der Nebensaison), Tel. 95174766, www.reisnordland.no/rutetabeller-hurtigbt, Fahrzeit: 3 Std. 20 Min., Preis: 700 nkr

Mit dem Flugzeug

Die **Flughäfen Bodø** und **Harstad/Narvik** werden vor allem von dem norwegischen **Billigflieger Norwegian** angeflogen. Tickets bucht man am einfachsten und günstigsten direkt über die Website der Airline (www.norwegian.no). Man kann **Umsteigeverbindungen** ab Deutschland, der Schweiz und Österreich buchen, der Umstieg erfolgt in der Regel in **Oslo.** Die Flüge kosten ab 80 € je Richtung. Ein Flug von z. B. Berlin nach Oslo dauert rund 1½ Stunden, von Oslo nach Harstad/Narvik ist man noch einmal ca. 1:40 Std. unterwegs.

Der **Flughafen Harstad/Narvik** nördlich des kleinen Ortes Evenes (s. S. 24) auf den Vesterålen gilt als **Hauptflughafen** für Lofoten-Besucher. Ab Harstad/Narvik besteht jedoch **keine direkte Flugverbindung auf die Lofoten** – von hier muss man also mit dem **Auto** oder **Fernbus** weiter. Er liegt direkt an der E 10.

Am Flughafen kann man sich einen **Mietwagen** (s. S. 122) leihen. Die Mietwagenschalter sind gegenüber dem Gepäckband zu finden. Ab Evenes fährt man ca. 1½ Std. bis zum **Raftsund** 12, wo die Lofoten beginnen. Für die Fahrt nach **Svolvær** 13 sind mit dem Pkw rund 2½ Std. einzuplanen. 2–3-mal täglich verkehrt der **Fernbus 300** auf die Lofoten (s. S. 131). Dieser hält am Flughafen und steuert unter anderem Svolvær, Leknes und Å 74 an.

- **Flughafen Harstad/Narvik:** https://avinor.no/flyplass/harstad, Tel. 67034100

Ab Bodø bestehen mit der **Gesellschaft Widerøe** (www.wideroe.no) Verbindungen auf die Lofoten. Alternativ nimmt man von Bodø aus die Fähre (s. S. 118). Der **Flughafen Bodø** liegt ungefähr einen Kilometer südwestlich des Stadtzentrums. Zwischen dem Flughafen und dem Zentrum verkehrt die **Buslinie 1** (Informationen: www.reisnordland.no/bybussbodo).

> **Flughafen Bodø:** https://avinor.no/flyplass/bodo, Tel. 67033500

Trotz der geringen Größe der Inselgruppe gibt es auf den Lofoten **vier kleine Regionalflughäfen**, die alle von Widerøe angeflogen werden:

> **Flughafen Svolvær:** 6 km nordöstlich der Stadt, Verbindungen von und nach Bodø, Oslo und Røst, Tel. 67033950, https://avinor.no/flyplass/svolvar

> **Flughafen Leknes:** Verbindungen von und nach Bodø, Oslo und Tromsø, Tel. 67033900, https://avinor.no/flyplass/leknes

> **Flughafen Værøy:** Helikopterflughafen, Verbindung von und nach Bodø, Tel. 67033870, https://avinor.no/flyplass/varoy

> **Flughafen Røst:** Verbindungen von und nach Bodø und Svolvær, Tel. 67033840, https://avinor.no/flyplass/rost

Mit dem Zug

Mit dem Zug kann man über Göteborg nach **Oslo** fahren. Von dort aus sind die Lofoten über **Trondheim** zu erreichen. Endbahnhof ist Bodø, von wo aus die Fähre nach Moskenes übersetzt.

Zudem fährt ein Nachtzug von **Stockholm** aus über Kiruna nach **Narvik.** Ab dort gibt es täglich Busverbindungen auf die Lofoten.

> **Infos:** www.vy.no und www.sj.se

Ausrüstung und Kleidung

Durch die exponierte Lage der Lofoten ist das **Wetter** extrem **wechselhaft.** Man sollte zu allen Jahreszeiten auf verschiedene Wettersituationen vorbereitet sein. Eine **regendichte Outdoorjacke** gehört ebenso ins Gepäck wie **wasserdichte Schuhe.** Wer wandern geht, sollte Regenhose und gute Wanderschuhe einpacken. Beim **Zelten** muss mit **kühlen Nächten** gerechnet werden. Ein dicker (Daunen-) Schlafsack mit guter Wärmeleistung ist angeraten, ebenso wie eine gut isolierende, dickere Isomatte und ein windstabiles Zelt, das einer Wassersäule von mindestens 5000 mm an den Außenwänden und 8000 mm am Boden standhält. Für Rorbuunterkünfte reichen dünne Schlafsäcke bzw. Bettwäsche.

Autofahren

Die Lofoten sind durch die **E 10** gut erschlossen und durch die **„Lofast“** genannte Festlandsverbindung im Nordosten an das restliche Norwe-

065lo-ms

gen angebunden. Kritische Stellen wurden zunehmend durch **Tunnel** entschärft. Im Südwesten der Inseln ist die Fahrbahn jedoch noch immer recht schmal. Auch **Nebenstraßen** (Rv – Reichsstraße, Fv – Nebenstraße) haben teilweise nur eine geringe Breite. **Ausweichbuchten** stehen zur Verfügung. Auch tagsüber ist das **Abblendlicht** einzuschalten. Mit **Wohnmobilen** sind alle Straßen befahrbar, längere Wohnwagengespanne sollten auf der Hauptstraße bleiben.

Parken stellt kein Problem dar, abgesehen vom Ort Nusfjord 59 in der Hauptsaison. In Leknes 45 und Svolvær 13 fallen z.T. Parkgebühren von umgerechnet 2–3 €/Std. an.

Bei **Unfällen** wird nur bei Personenschäden die Polizei (s. S. 128) gerufen. Ansonsten reicht es, den Schaden zu dokumentieren und die Versicherungsnummern auszutauschen. Das Warten auf die Polizei kann, vor allem am Wochenende, relativ viel Zeit in Anspruch nehmen. Im Falle einer **Autopanne** hilft der ADAC weiter.

- **Notruf/Panne:** Polizei Tel. 112, ADAC Tel. +49 180 2222222

Bei der Anfahrt auf die Lofoten über Evenes und die südlichen Vesterålen gilt es zu beachten: **Tankstellen** gibt es in der Nähe des Flughafens Harstad/Narvik an der E 10, in Evenskjer, Kongsvik und Lødingen. Es gibt **keine Tankstelle** zwischen Lødingen und Svolvær (100 km). Zwei Zapfsäulen stehen in Digermulen 12 (Info im Landhandel). Auf den Lofoten selbst kann man in Svolvær, Leknes, Stamsund 48 und Reine 68 tanken.

Mietwagenfirmen wie Avis oder Hertz sind an den **Flughäfen** zu finden (s. S. 120). Man sollte über günstige Vergleichsportale wie www.billiger-mietwagen.de rechtzeitig vorab buchen. Alternative Mietwagenfirmen:

- **Rent a car Lofoten** <191> Vorsetøyveien 20c, Svolvær, Tel. 47643560, www.rentacar-lofoten.com/de
- **Rent a car Moskenes** <192> am Fähranleger, Tel. 97520088, www.rentacar-moskenes.no

Barrierefreies Reisen

Per Gesetz müssen alle öffentlichen Gebäude und alle Verkehrsmittel in Norwegen **barrierefrei** zugänglich sein. Dies gilt auch für Rezeptionen und viele Unterkünfte. Modern ausgebaute **Rorbuer** (s. S. 129) sind über **Rampen** sehr gut erreichbar, ältere Anlagen eher nicht. In Hotels gibt es in der Regel keine Probleme, ebenso wenig wie auf Campingplätzen.

Diplomatische Vertretungen

- **Deutsches Konsulat** <193> Sjøgata 21, Bodø, Tel. +47 75528855
- **Deutsche Botschaft (Tysklands ambassade),** Oscars gate 45, Oslo, Tel. +47 23275400, (Pass: 23275430), www.oslo.diplo.de
- **Österreichische Botschaft (Den Østerrikske Ambassade),** Thomas Heftyes gate 19–21, Oslo, Tel. +47 22540200, www.bmeia.gv.at/oeb-oslo

Die Schweiz verfügt zwar ebenfalls über eine Botschaft in Oslo, konsularische Angelegenheiten werden jedoch über das in Schweden ansässige Regionale Konsularcenter abgewickelt:

- **Regionales Konsularcenter Nordische und Baltische Staaten,** c/o Embassy of Switzerland, Valhallavägen 64, Stockholm, www.eda.admin.ch/stockholm, Tel. +46 86767900, EDA-Helpline Tel. +41 800 247365

Ein- und Ausreisebestimmungen

Für einen Aufenthalt von bis zu drei Monaten reicht der **Personalausweis.** An den Fähren und am Flughafen finden ab und zu Kontrollen statt.

Bei der **Einfuhr von Alkohol** sollten die gesetzlichen Bestimmungen beachtet werden. Zollfrei sind: 1 l Schnaps (max. 60 Vol.-% Alkohol) und 2 l Bier oder Wein, alternativ: kein Schnaps, aber 3 l Bier und 2 l Wein. Entsprechend der Quote dürfen 4 l Alkohol zollpflichtig mitgenommen werden. **Tabak:** 200 Zigaretten oder 250 g Tabak plus 200 Blättchen. Ohne Tabak erhöht sich die Quote für Alkohol: 1 l Schnaps, 3 l Wein, 2 l Bier oder 4,5 l Wein, 2 l Bier oder 6,5 l Bier.

In Geschäften mit **Tax-free-Symbol** kann man einen Global-Refund-Scheck ausfüllen und an der Grenze (bei Fähren an der Rezeption) 11–18 % des Kaufpreises zurückerstattet bekommen. Der Kaufpreis muss 308 nkr übersteigen und die Ware zuvor im Laden versiegelt worden sein, zumindest theoretisch.

› **Zollinfos:** www.toll.no

Geldfragen

Währung und Zahlungsmittel

Die offzielle Landeswährung ist die **Norwegische Krone** (nkr, NOK). Geld kann an **Geldautomaten** *(minibank)* mit der **Debitkarte (Girocard)** oder der **Kreditkarte** abgehoben werden. Meist fallen Gebühren an. Der Kurs ist in Norwegen besser als beim Geldumtausch in Deutschland.

Auf **Bargeldumtausch** in Norwegen sollte man verzichten. Die allermeisten Banken wechseln kein Geld mehr, zudem ist der Wechselkurs sehr ungünstig.

Wechselkurs

1 €	11,36 nkr
1 nkr	0,09 €
1 SFr	11,98 nkr
1 nkr	0,08 SFr

(Stand: Anfang 2024)
Aktuelle Kursangaben finden sich z. B. bei www.oanda.com.

Der Dorsch (s. S. 113) hat es auch auf den Geldschein geschafft

ms-ol990

Die Lofoten preiswert

- Abgesehen von Nusfjord 59, wo in der Saison mitunter eine Art Eintrittsgeld (s. S. 71) zu zahlen ist, ist das Erleben des lofotentypischen Insellebens in den **kleinen Fischerdörfern** kostenlos, ebenso das **Wandern** und der Besuch der **Strände.**
- Zupackende Gäste dürfen auf den Fahrten des Vereins **Clean up Lofoten** (s. S. 75) kostenlos mitreisen.
- **Travel Pass Nordland:** Für 999 nkr kann man in der Provinz Nordland, zu der die Lofoten, aber auch Bodø 1 und Evenes zählen, sieben Tage lang Busse und Expressboote (ohne Fähren!) nutzen. Infos: www.reisnordland.no/travel-pass-nordland
- Ebenfalls gratis ist das **Angeln im Salzwasser** (s. S. 92).
- Auf Wanderungen darf man 1–2 Nächte **in der freien Natur zelten** (s. S. 130). Günstig im Zelt übernachten kann man außerdem auf Campingplätzen. Preiswert sind die **Jugenherbergen** in Bodø, Kabelvåg 26, Stamsund 48, Ballstad 53 und Å 74 (siehe beim jeweiligen Ort unter „Unterkünfte").

Das **bargeldlose Bezahlen** ist in Norwegen sehr weit verbreitet, selbst Kleinstbeträge können mit der Karte beglichen werden. Mit Kreditkarten kann problemlos gezahlt werden, allerdings sollte man sich bei der jeweiligen Bank oder beim Kreditkarteninstitut über eventuelle Kosten für die Auslandszahlung informieren. **Debitkarten** (in Deutschland auch als **Girocard** bekannt) mit Maestro-Funktion sind noch bis zu ihrem Laufzeitende gültig, werden aber seit 2023 sukzessive gegen sog. Mastercard-Debit-Karten ausgetauscht, mit denen man ebenfalls im Ausland zahlen und Geld abheben kann. Debitkarten mit V-Pay-Symbol funktionieren außerhalb der EU generell nicht, die neuen Visa-Debitkarten hingegen in der Regel schon. Viele Banken sperren Debitkarten aus Sicherheitsgründen für den Einsatz im außereuropäischen Ausland oder beschränken den Verfügungsrahmen. Man sollte sich im Vorfeld erkundigen und die Karte ggf. freischalten lassen.

Umrechnungskurs am Geldautomaten

Beim Abheben von Bargeld in Landeswährung wird manchmal angeboten, dass die Abrechnung mit dem eigenen Konto in Euro erfolgen kann. Das Verfahren ist als **Dynamic Currency Conversion (DCC)** bekannt. Wählt man diese Option, die ja sicherer erscheint, wird aber ein ungünstiger Wechselkurs zugrunde gelegt, der erhebliche Kosten verursachen kann. Deshalb sollte man Abhebungen immer in der Landeswährung vom eigenen Konto abbuchen lassen. Dann legt die eigene Bank den offiziellen Devisenkurs zugrunde.

Preise und Kosten

Norwegen ist ein **teures Land.** Die Preise für Lebensmittel, Transport und Unterkünfte liegen gut 50 % über dem deutschen Niveau. Jährliche Preissteigerungen von 5 bis 10 % sind einzuplanen. Bei den Preisen sollte immer beachtet werden: In Norwegen wird jeder Arbeitnehmer gut bezahlt, was insgesamt zu einem **hohen Preisniveau** führt.

Informationsquellen

Infostellen auf den Lofoten

Die Büros der **Touristeninformation (Turistinformasjon)** informieren über Öffnungszeiten, liefern Fahrpläne und helfen bei der Buchung von Unterkünften. Konkrete Informationen zu den einzelnen Infostellen sind im ersten Teil des Buches bei den jeweiligen Orten unter dem **Stichwort „Infos und Reisetipps“** gelistet.

Die Lofoten im Internet

- **https://visitlofoten.com** – offizielle Internetpräsenz der Lofoten mit Reiseinformationen und Onlinebuchung von Unterkünften, Aktivitäten und Veranstaltungen (auf Englisch)
- **www.visitnorway.de/reiseziele/nordnorwegen/die-lofoten-inseln** – offizielles Lofotenportal des norwegischen Fremdenverkehrsamtes (auch auf Deutsch)
- **www.lofoten-info.no** – Informationen speziell zu den Inseln Flakstadøya und Moskenesøya (auf Englisch)
- **www.nasjonaleturistveger.no/de/routen/lofoten** – Überblick über die norwegischen Landschaftsrouten auf den Lofoten (auch auf Deutsch)

Meine Literaturtipps

- Granhus, Frode: **Der Mahlstrom,** btb 2012. Der Autor wohnte auf den Lofoten und verortet seinen spannenden Kriminalroman in der dramatischen Landschaft.
- Härtrich, Thomas; Schmidt, Martin: **Sehnsucht Norwegen. Land der Mitternachtssonne,** Bruckmann 2017. Atemberaubende Fotos des Landes, auch der Lofoten, versammelt dieser Bildband.
- Lybeck, Sebastian: **Latte Igel reist zu den Lofoten,** Thienemann 2001. Charmantes Kinderbuch, in dem die kleine Elfe Kirivi auf die Lofoten entführt wird.
- Poe, Edgar Allan: **Hinab in den Maelström,** Spemann 1890. Die wilden Strudel des Moskenesstraumen (s. S. 87) sind Thema der Kurzgeschichte des berühmten amerikanischen Schriftstellers von 1841.
- Strøksnes, Morten A.: **Das Buch vom Meer oder Wie zwei Freunde im Schlauchboot ausziehen, um im Nordmeer einen Eishai zu fangen, und dafür ein ganzes Jahr brauchen,** DVA 2016. Zwei Freunde, ein kleines Boot und ein großer Eishai ergeben zusammen eine großartige Erzählung.

Smartphone-Apps

Angesichts des Wegfalls der Roaminggebühren und der guten Netzabdeckung lohnt es sich, einige hilfreiche Apps auf das Smartphone zu laden.

- **Lofoten – The official travel guide** (kostenlos für Android)/**Lofoten Travel Guide** (kostenlos für iOS): die offizielle App der Lofoten
- **Reis** (kostenlos für Android und iOS): App, mit der man Bustickets kaufen kann und die relativ genaue Infos zu Routenplänen, Abfahrtszeiten und Verspätungen bietet

Gute **Kartenwerke**, die auch **offline** nutzbar sind:

- **All-in-one offline maps** (kostenlos für Android)
- **Mapy.cz navigation & map** (kostenlos für Android)/**Mapy.cz navigation & offline maps** (kostenlos für iOS)

- **Norgeskartet** (kostenlos für Android und iOS)
- **OsmAnd – Offline-Karten, Reisen und Navigation** (kostenlos für Android)/ **OsmAnd Maps Reise & Navigation** (kostenlos für iOS)

Zuverlässige **Höhenangaben** bieten:

- **Genauer Höhenmesser** (kostenlos für Android)
- **My Elevation** (kostenlos für Android)

Wanderrouten finden sich unter:

- **ut.no** (kostenlos für Android und iOS)
- **bergfex Touren & GPS Tracking** (kostenlos für Android und iOS)

Radiostationen:

- **Min Radio Norge** (kostenlos für Android)/**Min Radios Norge** (kostenlos für iOS): norwegische Radiostationen
- **TuneIn Radio** (kostenlos für Android und iOS)

Eine zuverlässige **Wettervorhersage** bietet die norwegische App:

- **yr** (kostenlos für Android und iOS)

Zudem gibt es Apps für die **Nordlichtvorhersage.** Ein Vergleich unterschiedlicher Vorhersagen lohnt sich.

Internet

Kostenloses WLAN haben nahezu alle Unterkünfte, Einkaufszentren und Supermärkte, außerdem viele Cafés und Restaurants. Insgesamt ist die **mobile Netzabdeckung** in Norwegen gut bis sehr gut, auch entlang der Straßen der Lofoten.

Für große und kleine Entdecker: historischer Laden in Nusfjord (Nusfjord Landhandel, s. S. 71)

LGBT+

Die norwegische Gesellschaft hat eine generell sehr **liberale Haltung** gegenüber Homosexuellen. Ernstere Probleme gab es in Nordnorwegen bislang noch keine.

Medizinische Versorgung

Die medizinische Versorgung in Norwegen ist sehr gut. Die gesetzlichen Krankenkassen des Heimatlandes garantieren eine Behandlung im akuten Notfall. Es wird die **Europäische Krankenversicherungskarte** benötigt, die meist auf die Rückseite der Versicherungskarte gedruckt ist. Der Abschluss einer zusätzlichen privaten **Auslandskrankenversicherung** ist jedoch angeraten. Bei einer Behandlung kann es sein, dass die Kosten zunächst selbst getragen werden müssen. Für eine **Rückerstattung** ist es wichtig, alle Quittungen und Belege aufzubewahren. In jedem Fall ist ein **Eigenanteil** von 150 nkr zu zahlen.

Bei einem **Notfall** ist immer zunächst die **Legevakt (Ärztewache)** zu konsultieren:

- **Lofoten Legevakt (Ärztewache)** <194> im **Krankenhaus Nordlandssykehus,** Risfaret 8, Gravdal, Tel. 76083999

Nahezu alle Ärzte sprechen Englisch, viele auch Deutsch. Bei Problemen hilft die Botschaft (s. S. 122) weiter.

Zahnbehandlungen werden in Norwegen, außer bei Kindern und Rentnern, nicht von der Krankenkasse übernommen und sind zu 100 % selbst zu tragen.

■ **Tannlege Svolvær** <195> Tanntoget, Torget 1, Tel. 76066790

Wichtige **Medikamente** sollten mitgenommen werden. Hier einige zentral gelegene **Apotheken** *(apotek):*

- **Apotek 1 Leknes,** im Einkaufszentrum Lofotsenteret (s. S. 56), Tel. 76060950, geöffnet: Mo–Fr 10–18, Sa 10–16 Uhr
- **Apotek 1 Svolvær** <196> Lofotgata 33, Tel. 76066740, geöffnet: Mo–Fr 9–19, Sa 10–18 Uhr
- **Apotek 1 Tordenskiold Bodø** <197> Storgata 26, Tel. 75544340, geöffnet: Mo–Fr 8.30–17, Sa 10–15 Uhr
- **Vitusapotek Glasshuset Bodø** <198> Storgata 12, Tel. 75535020, geöffnet: Mo–Fr 9–18, Sa 10–15 Uhr

Mit Kindern unterwegs

Die Lofoten sind für **Familien** mit Kindern ein lohnendes Ziel. Besonders in den **Fischerdörfern** gibt es viel zu entdecken: Boote jedweder Art und Größe, Kreuzfahrtriesen und die Schiffe der Hurtigruten (s. S. 119), Werften, alte Gerätschaften, Molen, die es zu erkunden gilt, und nicht zuletzt unzählige Fischgestelle, um die herum man hervorragend Fangen spielen kann.

Öffentliche **Spielplätze** gibt es in Norwegen nicht viele, man darf jedoch die Anlagen der Schulen und Kindergärten außerhalb der Öffnungszeiten mitbenutzen, sofern diese nicht abgesperrt sind.

Besuchenswert und für Familien interessant sind das **Spielzeugmuseum** 67 in Sakrisøy bei Reine, das **Lofoten-Aquarium** 29 in Kabelvåg, **Magic Ice** 18 in Svolvær, das **Lofoten-Wikingermuseum** 38 in Borg, das **Fischerdorfmuseum** 75 in Å, das **Luftfahrtmuseum** 7 in Bodø und der **Schmied** 62 in Sund.

Ein großes Erlebnis für Kinder sind ferner die etlichen kleinen und großen **Strände** (z. B. Haukland 44, Uttakleiv [F5] und Ramberg 58), zumal der Nachwuchs das kalte Wasser meist weniger scheut als so mancher Erwachsener. Auch einige der beschriebenen **Wanderungen** (s. S. 96) eignen sich für (ältere) Kinder.

Bei Borg 37 auf der Insel Vestvågøya gibt es zwei **Besuchsbauernhöfe** mit Tieren und Aktivitäten, Hofladen und Café:

- **Aalan Gård** <199> Lauvdalen 186, Bøstad, Tel. 47601797, https://aalan.no
- **Lofoten Gårdsysteri** (s. S. 53)

067lo-ms

Notfälle

Notrufnummern

- **Notarzt:** Tel. 113
- **Polizei:** Tel. 112
- **Feuerwehr:** Tel. 110

Polizeidienststellen

- **Polizeidienststelle Leknes** <200> Storgata 105, Tel. 76054300
- **Polizeidienststelle Svolvær** <201> Vorsetøyveien 17, Tel. 02800

Kartensperrung

Bei **Verlust der Debit-/Giro-, Kredit- oder SIM-Karte** gibt es für Kartensperrungen eine **deutsche Zentralnummer** (unbedingt vor der Reise klären, ob die eigene Bank bzw. der jeweilige Mobilfunkanbieter diesem Notrufsystem angeschlossen ist). **Aber Achtung:** Mit der tel. Sperrung sind die Bezahlkarten zwar für die Bezahlung/Geldabhebung mit der PIN gesperrt, nicht jedoch für das **Lastschriftverfahren mit Unterschrift.** Man sollte daher auf jeden Fall den Verlust bei der Polizei zur Anzeige bringen, um ggf. auftretende Ansprüche zurückweisen zu können.

In **Österreich** und der **Schweiz** gibt es keine zentrale Sperrnummer, daher sollten sich Besitzer von in diesen Ländern ausgestellten Debit- oder Kreditkarten vor der Abreise bei ihrem Kreditinstitut über den zuständigen Sperrnotruf informieren. Generell sollte man sich immer die **wichtigsten Daten** wie Kartennummer und Ausstellungsdatum **separat notieren,** da diese unter Umständen abgefragt werden.

- **Deutscher Sperrnotruf:** Tel. +49116116 oder Tel. +493040504050
- **Weitere Infos:** www.kartensicherheit.de, www.sperr-notruf.de

Öffnungszeiten

Größere **Supermärkte** öffnen von Montag bis Samstag um 7 Uhr und schließen um 20, teilweise auch erst um 23 Uhr. Einige wenige in größeren Orten haben auch sonntags geöffnet. **Einkaufszentren** in Svolvær 13 und Leknes 45 haben zwischen 10 und 18/19 Uhr geöffnet. **Behörden** und **Ämter** schließen meist um 15.30 Uhr. Die Öffnungszeiten von **Museen, Restaurants und Cafés** sind sehr variabel. Einige wenige Lokale haben in der Nebensaison geschlossen.

Post

Postdienstleistungen werden nicht nur in Postfilialen, sondern auch in Supermärkten und Einkaufszentren angeboten. **Briefmarken** *(frimerke)* und **Postkarten** verkaufen die Touristeninformationen und Unterkünfte. Das **Porto** für Briefe und Karten beträgt rund 21 nkr (ca. 2,20 Euro).

- **Bodø Sentrum Post i Butikk** <202> Storgata 48, geöffnet: Mo–Fr 9–18, Sa 10–14 Uhr
- **Post Leknes,** im Einkaufszentrum Lofotsenteret (s. S. 56), geöffnet: Mo–Fr 10–20, Sa 10–16 Uhr
- **Post Svolvær** <203> im Kiwi Supermarkt, Sivert Nilsens gate 31, geöffnet: Mo–Sa 7–23 Uhr

Sprache

Mit **Englisch** kommt man auf den Lofoten ohne Probleme zurecht. **Deutsch** wird in den Touristeninformation von vielen Mitarbeitern verstanden, teils auch an den Rezeptionen. Eine **Sprachhilfe Norwegisch** findet sich im Anhang (s. S. 134).

Touren

Geführte Touren haben häufig den **Raftsund** 12 und den **Trollfjord** 23 in der Nähe von Svolvær 13 zum Ziel. Daneben werden auch **Angelausflüge** (s. S. 92), **RIB-Boot-Safaris** (s. S. 94) sowie Touren zum Erleben von **Nordlicht und Mitternachtssonne** angeboten. Empfehlungen für **Anbieter** von Ausflügen, Wanderungen und Touren aller Art stehen im ersten Teil des Buches beim jeweiligen Ort unter „Infos und Reisetipps".

Telefonieren

In Norwegen gibt es **keine Ortsvorwahl.** Diese ist in die achtstellige Nummer integriert. Nummern mit Extrakosten beginnen mit einer 8, Handynummern mit einer 9 oder 4. Beginnt die Telefonnummer mit einer 0, handelt es sich um eine auf vier Stellen reduzierte Servicenummer.

Vorwahlen

- **Norwegen:** 0047
- **Deutschland:** 0049
- **Österreich:** 0043
- **Schweiz:** 0041

Norwegen ist zwar kein EU-Mitglied, trotzdem wurden auch dort die **Roaminggebühren abgeschafft.** Damit ist das Telefonieren und Surfen mit dem **Handy** so günstig wie zu Hause – es sei denn, man nutzt das Mobiltelefon im Ausland über einen längeren Zeitraum hinweg, dann können je nach Anbieter Nutzungsobergrenzen gelten.

Unterkunft

Die beliebteste und traditionellste Unterkunft auf den Lofoten ist das **Rorbu.** Die **roten Stelzenhäuser** finden sich in fast allen Orten. Die Ausstattung variiert von einfach bis sehr komfortabel, wobei der Preis unabhängig davon stets vergleichsweise hoch ist. Die meisten Rorbuer bieten **Platz für vier Gäste** und besitzen eine **Kochnische.** Decken und Kissen sind vorhanden, Bettwäsche ist zum Teil inklusive, kann geliehen oder mitgebracht werden.

Auf den Lofoten weniger verbreitet sind die sonst in Norwegen allgegenwärtigen **Hütten.** Die meisten sind auf **Campingplätzen** zu finden.

Beschaulich wohnen: Rorbuunterkunft in Kabelvåg 26

069lo-ms

Buchungsportale
Neben Buchungsportalen für **Hotels** (z. B. www.booking.com, www.hrs.de oder www.trivago.de) bzw. für **Hostels** (z. B. www.hostelworld.com) gibt es auch Anbieter, bei denen man **Privatunterkünfte** buchen kann. Portale wie www.airbnb.de oder www.wimdu.de vermitteln Wohnungen, Zimmer oder auch nur einen Schlafplatz auf einer Couch. Diese oft recht günstigen Übernachtungsmöglichkeiten sind nicht unumstritten, weil manchmal normale Wohnungen gewerblich missbraucht werden. Einige Städte greifen deshalb regulierend ein.

Die Zahl der **Zeltplätze** steht in direktem Verhältnis zur Höhe der Berge: Wo es flacher wird, gibt es mehr. Der Unterkunftsstandard bewegt sich auf niedrigem bis mittlerem Niveau. Die Sauberkeit der Sanitäranlagen hat sich in den letzten Jahren gebessert. Räumlichkeiten zum Kochen sind meist vorhanden.

Viele **Hotels** der Inselgruppe weisen einen guten Standard auf. Einige wurden in den letzten Jahren neu errichtet, etwa in Svolvær 13. Die **Preise** für ein Zimmer sind jedoch zumeist recht hoch. Gäste sind daher nicht selten ausschließlich Reisegruppen. Deutlich preiswerter sind **Jugendherbergen (Vandrerhjem)** und **B&B-Unterkünfte** (z. B. in Reine).

Reisende, die nicht die teuren Rorbuer oder Hotels nutzen möchten, finden bei einschlägigen **Buchungsportalen** gute und oft günstige Alternativen.

Reisenden mit **Wohnmobilen** wird geraten, auf Campingplätzen zu übernachten.

Konkrete Übernachtungsempfehlungen finden sich im ersten Teil des Buches jeweils unter dem Stichwort „Unterkünfte" bzw. „Unterkunft".

Für die nächsten Jahre ist eine **Bettensteuer** für die Lofoten geplant, wenngleich noch kein genauer Termin feststeht.

Verhaltenstipps

Im Prinzip gelten in Norwegen die gleichen Höflichkeits- und Verhaltensregeln wie zu Hause. Eine lokale Besonderheit ist das 1957 verabschiedete **Jedermannsrecht**, das Rechte und Pflichten für den Aufenthalt in der Natur vorgibt.

Grundsätzlich erlaubt ist die Erholung im Freien, solange man die Natur mit Respekt behandelt und zum Beispiel keinerlei **Müll** hinterlässt. Konkret bedeutet dies, dass man spazieren und wandern gehen darf, wobei man sich in Naturschutzgebieten und Nationalparks auf den **vorgegebenen Wegen** halten muss.

Abgezäunte Bereiche, also Felder, Wiesen und Grundstücke, unterliegen nicht der freien Nutzung. Diese dürfen nur nach Absprache mit dem Besitzer betreten werden. Auch darf hier nicht frei gezeltet werden.

Zelten ist mit einem Abstand von mindestens 150 Metern zum nächsten Grundstück, Haus, Pkw oder Wohnmobil für ein bis zwei Nächte erlaubt. Unproblematisch ist das Übernachten im Freien in der *utmark*, also in nicht bewohnten Regionen. In der *innmark*, den besiedelten Bereichen, wird es nicht so gern gesehen. Mit dem Abstellen von **Wohnmobilen** oder Campinganhängern am Straßenrand für eine Nacht bewegt man sich in einer **Grauzone**. Auch wenn es nicht ausdrücklich verboten ist, ist es nicht gerne gesehen. In jedem Fall

ms-lo690

müssen Müll und Fäkalien an entsprechend gekennzeichneten Stellen entsorgt werden.

Beeren, Pilze und (nicht geschützte) Wildblumen dürfen gesammelt bzw. gepflückt werden. Für die **Moltebeere** gilt das nicht.

Zwischen dem 15. April und dem 15. September ist **offenes Feuer** in der Nähe von Wäldern bzw. auf nicht gekennzeichneten Flächen verboten.

Verkehrsmittel

Fähre

Alle Infos zum Fährverkehr finden sich unter der Abschnittsüberschrift „An- und Rückreise“ auf S. 118.

Bus

Zwischen dem Flughafen Harstad/Narvik (s. S. 120), Svolvær 13, Leknes 45 und Å 74 fährt der **Fernbus der Linie 300** etwa zwei- bis dreimal pro Tag. Die Strecke folgt im Wesentlichen dem **Verlauf der E 10.** Orte entlang der Route sind daher gut zu erreichen. Abseits gelegene Siedlungen werden eher selten angefahren. **Tickets** können im Bus erworben werden, man zahlt aber eine kleine separate Gebühr für den Onboard-Kauf. Alternativ können die Tickets auch über die „Reis“-Website und die entsprechende App (s. S. 125) gekauft werden. Es gibt **Rabatte** für Kinder, Studenten und Senioren (ca. 25 %).

Genaue Informationen zu den **Busverbindungen einzelner Orte** stehen im ersten Teil des Buchs, „Die Lofoten entdecken“, jeweils beim Unterpunkt „Infos und Reisetipps“. Eine Übersicht bietet auch die **Website** des Busunternehmens:

- **Busrouten auf den Lofoten:** www.reisnordland.no/rutetabeller-buss-lofoten
- **Routenplaner und Tickets:** s. Hauptseite www.reisnordland.no

Taxi

- **Nordland Taxi,** Tel. 22388309, www.nordlandtaxi.no

Jedermannsrecht: Wer am Strand zeltet, sollte seinen Müll mitnehmen

Wetter und Reisezeit

Aufgrund der **exponierten Lage** der Inselgruppe ist das **Wetter** ebenso **facettenreich** wie **wechselhaft.** Vor allem im Winter ist binnen einer Stunde die gesamte Witterungspalette von Nebel über blauen Himmel, Windstille, Sturmböen, Regen und starken Schneefall möglich. Verlass ist lediglich auf die Veränderung.

Die **Niederschlagsraten** sind mit 1200 mm (Svolvær 13) bis 1500 mm (Reine 68) im europäischen Vergleich ziemlich hoch, verglichen mit anderen norwegischen Küstenorten jedoch auf durchschnittlichem Niveau.

Wegen der vom **Golfstrom** umspülten Lage gestaltet sich der **Temperaturverlauf** recht gleichmäßig. Im Winter schwanken die Werte um den Gefrierpunkt, in den zwei wärmsten Monaten, Juli und August, kann man mit mindestens 12 °C rechnen.

Der **Frühling** ist auf den Lofoten erst recht spät zu Gast. Noch am 17. Mai, dem Nationalfeiertag, lässt sich kaum ein Frühlingsblüher sehen, nur einzelne Büsche treiben erste Blätter. Doch schon zwei Wochen später, Anfang Juni, sind auch die letzten Bäume in sattes Grün gekleidet und die Wiesen erblüht. Mit 6 bis 12/13 °C ist es im Frühling eher frisch.

Der **Sommer** gestaltet sich mitunter launisch. Je nach Jahr können unablässige Regenschauer oder Tage voller Sonnenschein vor tiefblauem Himmel diese Jahreszeit prägen. Die Maximalwerte liegen selten jenseits der 20-Grad-Marke. Nachts sind es meist 6–10 °C. **Baden** ist angesichts dieser Temperaturen nur in warmen Sommern möglich.

Die beste **Reisezeit** erstreckt sich von Ende Juni bis Mitte August. Allerdings besuchen dann auch die meisten Touristen die Insel und in einzelnen Orten kann es recht voll werden. An klaren Tagen kann man ab Ende August das **Nordlicht** (s. S. 114) erleben.

Ein Geheimtipp ist bislang der **September.** Nicht selten ist dieser Monat in den ersten zwei Wochen von einer recht stabilen, sonnigen Wetterlage gekennzeichnet. Auch kann man in dieser Zeit die schönste Laubfärbung erleben. Ende September/Anfang Oktober haben meist auch die letzten Bäume ihr Laub verloren, schwere Herbststürme halten Einzug.

Winterliches Wetter prägt die Inselgruppe zwischen November und April. Die günstigste Zeit für **Schnee** ist der Februar. Regen, graue und stürmische Tage sind aber ebenfalls möglich. Für Fotografen ist der Winter in jedem Fall ein Fest der Sinne.

Durchschnitt	Wetter auf den Lofoten											
Maximale Temperatur	-2°	-1°	4°	10°	16°	20°	22°	21°	16°	9°	3°	0°
Minimale Temperatur	-7°	-7°	-4°	1°	6°	10°	13°	12°	8°	3°	-1°	-4°
Regentage	15	13	9	11	10	13	15	14	14	14	16	17
Wassertemperatur	5°	5°	4°	5°	7°	10°	12°	13°	11°	9°	8°	7°
	Jan	Febr	März	Apr	Mai	Juni	Juli	Aug	Sept	Okt	Nov	Dez

ANHANG

070lo-ms

Kleine Sprachhilfe Norwegisch

Aussprache

d	meist stumm am Ende des Wortes
g	stumm vor „j“, vor „i“ als „j“ sprechen, stumm bei „-ig“
h	stumm vor „j“ und „v“
k	vor „i“, „y“, „ei“ als „ch“ sprechen
o	meist als „u“ gesprochen
s	vor „l“ und nach „r“ meist ein „sch“
sk	vor „i“, „y“, „ei“ als „sch“ sprechen
sj	als „sch“ sprechen
t	in der Kombination „tj“ als „ch“ sprechen; stumm bei bestimmten Substantiven und bei „det“ (das)
u	als „ü“ sprechen
v	als „w“ sprechen, im Auslaut stumm oder „f“
æ	überoffenes „ä“ wie in „bähh“
ø	„ö“
å	kehliges „o“ wie in „Boot“

Häufig gebrauchte Wörter und Redewendungen

ja	(ja)	ja
nei	(nai)	nein
takk	(takk)	danke
tusen takk	(tüsen takk)	tausend Dank
vær så snill	(wär schoo snill)	bitte (um etwas bitten)
vær så god	(wär schoo guu)	bitte (bitte schön)
Hei!	(hai)	Hallo!
Ha det bra!/ Ha det!	(ha de bra)/ (ha de)	Tschüss!
God dag!	(gu dag)	Guten Tag!
Unnskyld!	(ünnschüll)	Entschuldigung!
jeg	(jai)	ich
du	(dü)	du
han/hun	(han)/(hün)	er/sie
vi	(wii)	wir
dere	(dere)	ihr
de	(die)	sie

Zahlen

1	(een)/(ett)	*en/ett*
2	(too)	*to*
3	(tree)	*tre*
4	(fiire)	*fire*
5	(femm)	*fem*
6	(seks)	*seks*
7	(schü)/(tüwe)	*sju oder tyve*
8	(otte)	*åtte*
9	(nie)	*ni*
10	(tie)	*ti*
11	(ellwe)	*elleve*
12	(toll)	*tolv*
13	(tretten)	*tretten*
14	(fjurten)	*fjorten*
15	(femmten)	*femten*
16	(saisten)	*seksten*
17	(sötten)	*sytten*
18	(atten)	*atten*
19	(nitten)	*nitten*
20	(chüe)/(tüwe)	*tjue*
21	(chüe-een)/ (en-o-tüwe)	*chueen* oder *en og tyve*
30	(trettie)/ (tredwe)	*tretti*
40	(förtie)	*førti*
50	(femmtie)	*femti*
60	(sekstie)	*seksti*
70	(söttie)	*sytti*
80	(ottie)	*åtti*
90	(nittie)	*nitti*
100	(hündre)	*hundre*
200	(too-hündre)	*tohundre*
1000	(tüsen)	*tusen*

Die wichtigsten Zeitangaben

i går	(i goor)	gestern
i dag	(i daag)	heute
i morgen	(i murn)	morgen
om morgenen	(om murrenen)	morgens
om ettermiddagen	(om ettermiddagen)	nachmittags

+++ Die wichtigsten Wörter mit dem Bonus-Audiotrack des Kauderwelsch-

om kvelden	(om kwelln)	abends
om natten	(om natten)	nachts
daglig	(dagli)	täglich
tidligere	(tid-liere)	früher
senere	(seenere)	später
nå	(noo)	jetzt
tidlig	(tidli)	früh
klokka	(klokka)	Uhr

Die wichtigsten Richtungsangaben

venstre	(wenstre)	links
til venstre	(till wenstre)	nach links
høyre	(höire)	rechts
til høyre	(till höire)	nach rechts
rett frem	(rett fremm)	geradeaus
sving til høyre	(swing till höire)	bieg rechts ab
til høyre for	(till höire for)	rechts von
ta første gate	(ta förschte gate)	nimm die erste Straße
her	(här)	hier
der	(där)	dort
hit	(hiit)	hierhin
dit	(diit)	dorthin
nær	(när)	nah
fjern	(fjärn)	fern
ved siden av	(we siden af)	neben
foran	(voran)	davor
bak	(baak)	dahinter
krysset	(krüsse)	die Kreuzung
trafikklyset	(trafikk-lüse)	die Ampel
på hjørnet	(poo jörne)	an der Ecke
i sentrum	(i sentrüm)	im Zentrum
utenfor byen	(ütenvor büen)	außerhalb der Stadt

Fragewörter

hva?	(wa)	was? (teils auch wie?)
hvem?	(wem)	wer?, wem?
hvor?	(wur)	wo?, vor Adjektiven auch wie?
hvordan?	(wurdan)	wie?
hvorfor?	(wurfor)	warum?
hvilken?	(wilken)	welcher?
når?	(noor)	wann?

Die wichtigsten Floskeln und Redewendungen

Hjertelig velkommen!	(jerteli welkommen)	Herzlich willkommen!
Hvordan går det?	(wurdan goor de)	Wie gehts?
Hvordan har du det?	(wurdan har dü de)	Wie gehts? (wörtl.: Wie hast du es?)
Takk, bra.	(takk bra)	Danke, gut.
Dårlig!	(doorli)	Schlecht!
Jeg heter ...	(jai heeter)	Ich heiße ...
Jeg kommer fra ...	(jai kommer fra)	Ich komme aus ...
Tyskland	(tüsklann)	Deutschland
Østerrike	(österriike)	Österreich
Sveits	(sweits)	Schweiz
Norge	(noorge)	Norwegen
Kan du gi meg ...?	(kan dü ji mai)	Kannst du mir ... geben?
Jeg trenger ...?	(jai trenger)	Ich brauche ...
Har du ...?	(har dü)	Hast du ...?

Det er syndt!	(de er sünd)	Das ist schade!
Hva koster det?	(wa koster de)	Was kostet das?
Jeg leter etter …	(jai leter etter)	Ich suche nach …
Hvor er …?	(wur är)	Wo ist …?
Hvor ligger …?	(wur ligger)	Wo liegt …?
jernbanestasjonen	(järnbanestaschuunen)	der Bahnhof
sentralstasjonen	(sentralstaschuunen)	der Hauptbahnhof
holdeplassen	(holleplassen)	die Haltestelle
kaia	(keia)	der Kai
Jeg skal til …	(jai skal till)	Ich will nach …
En billett til …	(en billett till)	Eine Fahrkarte nach …
Hva er klokka?	(wa är klokka)	Wie spät ist es?
Jeg er syk.	(jai er süük)	Ich bin krank.
Hjelp meg!	(jelp mai)	Hilf mir!

Wochentage

mandag/måndag	(mandag/moondag)	Montag
tirsdag/tysdag	(tirschdag/tüüsdag)	Dienstag
onsdag	(unsdag)	Mittwoch
torsdag	(torschdag)	Donnerstag
fredag	(freedag)	Freitag
lørdag/laurdag	(lördag/läürdag)	Samstag
søndag/sundag	(sönndag/sündag)	Sonntag

Nichts verstanden? – Weiterlernen!

Jeg snakker bare litt norsk/engelsk.	(jai snakker bare litt norschk/engelsk)	Ich spreche nur ein bisschen Norwegisch/Englisch.
Hva sier du?	(was sier dü)	Was sagst du? (Wie bitte?)
Jeg forstår ikke!	(jai forschtoor ikke)	Ich verstehe nicht!
Snakker det noen tysk her?	(snakker de nuen tüsk här)	Spricht hier jemand Deutsch?
Hva heter … på norsk?	(wa heeter … poo norschk)	Was heißt … auf Norwegisch?
Hvordan uttaler man det?	(wurdan üt-taler man de)	Wie spricht man das aus?
Kan du gjenta?	(kan dü jenta)	Kannst du wiederholen?
Snakk langsommere.	(snakk langsommere)	Sprich langsamer.
Kan du skrive det opp?	(kan dü skriwe de opp)	Kannst du das aufschreiben?

Im Restaurant und Supermarkt

elg	(elg)	Elch
fisk	(fisk)	Fisch
får	(foor)	Hammel
hest	(hest)	Pferd
hvete	(wete)	Weizen

hvitløk	(wietlök)	Knoblauch
kalkun	(kalküün)	Pute
kjøtt	(chött)	Fleisch
kjøttdeig	(chöttdeig)	Gehacktes
krydder	(krüdder)	Gewürze
kylling	(chülling)	Hähnchen
løk	(lök)	Zwiebel
melk	(melk)	Milch
ost	(uust)	Käse
pølse	(pölse)	Würstchen
reinsdyr	(reinsdür)	Rentier
rugbrød	(rügg-brö)	Roggenbrot
sil	(sill)	Hering
spekepølse	(spekepölse)	gepökelter (salziger) Schinken
storfe	(sturfe)	Rind
svin	(swien)	Schwein
torsk	(torschk)	Dorsch
vann	(wann)	Wasser
øl	(öll)	Bier

Beim Arzt

lege	(leege)	Arzt
tann	(tann)	Zahn
syk	(süük)	krank
smerter	(smerter)	Schmerzen
sykehus	(süüke-hüüs)	Krankenhaus
apotek	(aputeek)	Apotheke

Landhandel: historischer Krämerladen in Nusfjord 59 *(s. S. 71)*

072lo-ms

Zugspitze, Foto: Aneta Niemitz

Register

Street-Art in Henningsvær 31

075lo-ms

Impressum

Martin Schmidt

InselTrip Lofoten

© Reise Know-How Verlag
Peter Rump GmbH
3., neu bearbeitete und aktualisierte Auflage 2024

Alle Rechte vorbehalten.

ISBN 978-3-8317-3886-1

Printed in Germany

Druck und Bindung:
mediaprint solutions GmbH, Paderborn

Herausgeber: Ulrich Kögerler, Klaus Werner
Layout: amundo media GmbH (Umschlag, Inhalt), Peter Rump (Umschlag)
Lektorat: amundo media GmbH
Karten: Ingenieurbüro K. Wendler, amundo media GmbH
Anzeigenvertrieb: KV Kommunalverlag GmbH & Co. KG, Alte Landstraße 23, 85521 Ottobrunn, Tel. 089 928096-0, info@kommunal-verlag.de
Kontakt: Osnabrücker Str. 79, 33649 Bielefeld, info@reise-know-how.de

Alle Angaben in diesem Buch sind gewissenhaft geprüft. Preise, Öffnungszeiten usw. können sich jedoch schnell ändern. Für eventuelle Fehler übernehmen Verlag wie Autor keine Haftung.

Bildnachweis

Umschlagvorderseite: © Stefano Zaccaria, stock.adobe.com | Umschlagrückseite: © lorenzoragazzi, stock.adobe.com | Umschlagklappe rechts: © Winfried Rusch, stock.adobe.com

Soweit ihre Namen nicht vollständig am Bild vermerkt sind, stehen die Kürzel an den Abbildungen für die folgenden Fotografen, Firmen und Einrichtungen. Martin Schmidt: ms | Nadja Werner: nw

Die Lofoten mit PC, Smartphone & Co.

QR-Code auf dem Umschlag scannen oder **www.reise-know-how.de/inseltrip/lofoten24** eingeben und die **kostenlose Web-App** aufrufen (Internetverbindung zur Nutzung nötig)!

★ **Anzeige der Lage und Satellitenansicht aller** beschriebenen Sehenswürdigkeiten und weiteren Orte
★ **Routenführung** vom aktuellen Standort zum gewünschten Ziel
★ **Exakter Verlauf** der empfohlenen Wanderungen
★ **Audiotrainer** der wichtigsten Wörter und Redewendungen
★ **Updates** nach Redaktionsschluss

GPS-Daten zum Download

Die GPS-Daten aller Ortsmarken und Wanderungen stehen auf der Produktseite des Titels auf www.reise-know-how.de zum Download zur Verfügung.

Inselplan für mobile Geräte

Um den Inselplan auf Smartphones und Tablets zu nutzen, empfehlen wir die App „Avenza Maps" der Firma Avenza™. Über die Funktion „Store" kann die „Islandmap Lofoten 2024" kostenlos geladen werden.

Die Information über und die Bereitstellung von digitalen Zusatzinhalten (z. B. Web-App, Links, GPS-Tracks o. Ä.) ist eine freiwillige Zusatzleistung des Verlages, auf die kein Anspruch besteht und für deren Richtigkeit aufgrund der Veränderlichkeit solcher Informationen auch nicht gehaftet werden kann. Insbesondere behält sich der Verlag deshalb vor, die Bereitstellung und die Zugriffsmöglichkeit zeitlich zu befristen und den Zugriff hierauf auch vorfristig abzuschalten.

Zeichenerklärung

- Hauptsehenswürdigkeit
- Bushaltestelle
- Campingplatz
- Erhebung
- Fähre
- Flughafen
- Höhle, Grotte
- Kirche, Kapelle
- Kloster
- Sehenswürdigkeit
- Strand
- Wanderung (s. S. 96)

- Unterkünfte
- Essen und Trinken
- Einkaufen/Sonstiges
- Aktiv
- Nachtleben

Bewertung der Attraktionen

★★★	nicht verpassen
★★	besonders sehenswert
★	wichtig für speziell interessierte Besucher